The Art of Communication

プロカウンセラーのコミュニケーション術

東山紘久
Higashiyama Hirohisa

創元社

はじめに

「伝わらないと腹が立つ。受け入れられないとさびしくなる。合わせすぎるとむなしくなる。とかく人間関係はむずかしい」

仕事がつらくて会社を辞める人より、人間関係がいやで辞める人のほうが圧倒的に多いといわれています。とかくコミュニケーションはむずかしいものです。

もし、あなたのコミュニケーションがスムーズでよく通じるのなら、今までどおりにしていてください。しかし、もしあなたがコミュニケーションで苦労しておられるのなら、この本を参考にしてください。

プロカウンセラーは、コミュニケーションがむずかしい人たちと絶えず接していますので、コミュニケーションのプロでもあります。コミュニケーションの基本は、相手を理解することと、関係をよくすることです。少々きつい言葉でも、ときには理不尽なことでも、関係さえよければ真意が通じます。それは相手を信頼し、理解しているからです。逆に関係が悪く、信頼がないと、ふつうの言葉でさえ引っかかってしまって、コミュニケーションがうまくいきません。このようなときにどうすればコミュニケーションを回復し、関係を修復できるか

を本書では書きました。

コミュニケーションをよくする要点の第一は、相手の話をじっくり聞くことです。じっくり聞く方法を述べるために私は『プロカウンセラーの聞く技術』を数年前に上梓しました。われわれのまわりには、自分を含めて、相手の話を聞かないか、あるいは中途半端に聞くだけで、自分の主張ばかり話すので、お互いの真意が伝わらないことが多いからです。プロカウンセラーは聞くのが仕事ですので、その技術の一端を紹介したのです。おかげさまでこの本は多くの読者の支持をいただき、ベストセラーになりました。また、そのときに「聞くだけでいいのですか」という質問を多くの方から受けました。「次にはぜひ話す技術を書いてください」とのうれしいご要望もいただきました。これは当然のことです。聞くだけではコミュニケーションが成立しませんから。

話す技術に関する本は今までに多く出版されていますので、今回はそれよりプロカウンセラーはどのような点に注意して話を聞いているのか、発言しているのかを書くことにしました。それは、ふつうの生活では、相手や自分自身の細かい点をあまり気にせずに話したり聞いたりしているからです。コミュニケーションを円滑にするキーである言葉や表現、態度や内容に注意が払われていないのです。プロカウンセラーは、話すときのしぐさ、内容と表情

との関連性、不自然な動作、代名詞や接続詞の使い方などに細かい注意を払っています。冷静に話しているように見えた話し手の胸元に、話す前まではなかったじんましんが現れていることに気づいたこともあります。話し手は冷静な態度とは裏腹に相当のストレスを抱えながら話していたのです。不思議なことですが、このようなじんましんは、話し手がスッキリ話をして、理解されたと感じると自然に消えていきます。その変化は、じつに見事であざやかです。

このように書きますとコミュニケーションはむずかしそうですが、少し注意すると誰にでもできることです。今までそれができていないのは、そこに注意を払っていなかったためなのです。注意を払う点を見つけるコツを知るだけで、あなたにもそれができるようになります。話の背後に隠されている、話し手の心の表情が読み取れるのです。こうしたことは、自分が話しているときにも応用できます。自分の態度や表現から、自分自身の心の状態を知ることができるのです。自分の心を知りながら話をしますと、相手の反応も読み取りやすくなります。もちろん『プロカウンセラーの聞く技術』のときにも書きましたように、慣れるまでの練習は必要ですが。

では簡単な指標から始めましょう。

もくじ

プロカウンセラーのコミュニケーション術

1 屁理屈の陰に本心あり

理屈に合わないことを言われると、誰しも腹が立ちます。それに対して理屈で言い返したくなります。では、どうして相手は、理屈に合わないことを言うのでしょうか。

屁理屈を言われたとき、言われた人は「どうして相手が屁理屈を言うのか」を案外考えませんし、そこまで思い至らないものです。逆に、変な理屈を言うそんな相手のことなど知ったものかと、自分のほうが腹を立ててしまいます。腹を立ててしまえば相手の思うツボです。なにごとでも腹を立ててしまえば、立てたほうが負けなのです。

なぜなら腹を立てるということは、本心を曝《さら》していることになるからです。腹が立つことのなかには、どこかに自分の弱みが潜んでいるものです。自分の弱みや本心を相手に曝すことは、心理的には相手に負けてしまったことになるでしょう。むろん双方とも腹を立てれば喧嘩別れになって、物事は解決しません。有利にことを運びたいときや、無理に解決しなくてもいいときは、こちらは冷静で、相手に腹を立てさせればいいのです。でも、これではあまりにもあなたのほうが腹黒くなってしまいますね。それに解決が必要でない言い争いなど実際にはあまりありません。

屁理屈を言うのは、その人にそれ以上の手がないときです。日常場面では、屁理屈で解決を引き延ばしているだけです。相手はすでに負けているのです。しかし、負けている人に追い打ちをかけなくてもいいとはいうものの、相手の屁理屈に腹が立っているときは、こちらもなかなか冷静ではいられません。

屁理屈を言っている相手があなたと関係のない人や関係の薄い人だったら、放っておくのが最善です。そのような人は、自分に不利な点やしなければならないことを屁理屈でごまかしたり、実行を延期したりするタイプですから、やがてみんなから嫌われて、あなたの集団からいなくなります。「金持ち喧嘩せず」の態度でいいのです。でも、相手が親兄弟や子どもや配偶者、親類だとそうはいきません。上司や部下、同僚、友人でも、放っておくことができない場合があります。いやでもつきあっていかなければならないので、もめごとを解決する必要があるからです。そのような場合はどうすればいいのでしょう。

まず、どうして相手がそこまで変な理屈を言うのかを理解することです。「屁理屈を言うな」と叱咤するのは、この場合最低の方法です。嘘をついている人に「嘘をつくな」と言っても、まず効果はありません。

「どうして嘘をついたのか」「どうして強盗をしたのか」と問い詰めるのは、いちばんへたな尋問だと、検事から聞いたことがありますが、取り調べでの尋問でさえこうなのですから、日常のもめごとではもっと効果がありません。「屁理屈を言うな」と言うのもダメ、「どうしてそんな屁理屈を言うのか」と、問い詰めるのもダメだとしたら、どうすればいいのでしょう。

嘘をついたり屁理屈を言ったりするのは、真実を言ったり理屈どおりにすると都合が悪いからです。本当はそれをしたくないのです。こちらとしては、相手にその点を気づいてもらえばいいのです。理屈どおりにするとどのように都合が悪いのかを自覚してもらったうえで、それを相手に押し進めさせてみてください。理屈に合わないことを自らの責任で押し進めると、必ずどこかで破綻します。なぜなら屁理屈とは、押し進めれば論理の破綻をきたすものだからです。もし破綻しないようなら、それは屁理屈ではありません。こちらの考えを修正する必要があります。

例をあげましょう。

Aさんから「歯医者が予想以上に混んで、申しわけないが会議に遅れる」との電話が入りました。救急歯科があるくらい歯痛は待ったなしですから、急に歯痛が襲ってきたのならさぞかし大変だろうと、みんなはAさんのことを心配しながら会議を始めました。Aさんが二時間遅れでやって来たとき、会議はほとんど終わっていました。このときの会議は重要なものでした。Aさんは真面目で、会議の重要さをわかる人でしたし、私用と公用を混同したりする人ではありません。

みんなは、Aさんがさぞかし顔を腫らしてやって来るだろうと予想していましたが、Aさんは見たところふつうでした。何人かがようすを聞いたところ、急に歯痛に襲われたのではなく、歯医者が予想以上に混んでいただけだというのです。Aさんのふだんの態度からすると、もし歯医者が混んでいて会議に遅れそうだとすれば、歯医者の予定を延期して、会議に参加するはずです。みんなの疑問に対するAさんの答えは微妙にずれていました。Aさんが会議に遅れた理由は、どう考えても納得がいかないものでした。しかも、いつもは他人の感情に敏感なのに、そのときのAさんはそうしたことにさえ気づかないようでした。

じつはAさんは、この会議の案件が気に入らなかったのです。反対したい気持ちがありましたが、この件を押し進めている上司にそれを言うことがはばかられたのです。上司は力のある人で、強引さが目立つこともありますが敏腕です。そのうえ、たとえその議案が通ったとしても、Aさんには直接的な被害が及ぶおそれがなかったこともあって、積極的に反対して、上司と反目することを避けたかったようです。でも、議案に対しては、Aさんの気持ちのどこかにすっきりしないこだわりがありました。こうした気持ちがAさんに、理屈に合わない行動をとらせたのです。

別の例を見てみましょう。

明日が締め切りという資料作りを、あなたがB君にまかせていたとしましょう。前の日にB君に明日までにできるかどうかを確認したところ、B君は「忙しかった」「C君の担当の資料が遅れた」「どだいこんなに短時間では無理だ」とできない言い訳ばかりします。さて、あなたはこれにどのように対処しますか。

誰にまかせたとしても、資料作りが時間的、物理的に無理なものだったら、無理をさせたあなたにその責任があります。少し無理をすればB君だったらできると、あなたが判断したのなら、あなたの判断が甘かったのです。もし部下なら誰でもふつうにやればできる仕事なのにB君ができないという場合なら、B君の能力に問題があるか、あなたに対するB君の反抗です。

あなたが能力のありすぎるタイプであれば、自分より能力の劣る人の仕事に不満を抱いたり、他人の能力を計るあなたの物差しの目盛りが一般的でないかもしれません。人は自分の物差しで他人を計るところがあるからです。

少し横道にそれますが、家族全員が高い能力をもつ家庭に生まれた能力の低い子どもと、さほど高い能力でない家庭に生まれた同じような子どもを比較した研究では、高い能力の家庭の子どものほうが不適応を起こすという研究結果があります。

そこで、このB君の問題に戻ります。今一度、仕事が本当に誰でもできるものかを計り直してみてください。計り直しても、この仕事が誰にでもできるものであったら、B君の能力が低いか、仕事に対してB君のなかに抵抗があるのです。B君の能力が低いとしたら、仕事をB君にまかせたあなたの責任です。B君を適材適所に配置転換することを考えてください。

いちばん厄介なのは、B君がこの仕事か、あるいはあなたに、反抗心や抵抗感をもっている場合です。意識的か無意識的かはわかりませんが、B君はあなたが困ることを望んでいるのです。その資料が明日までにできなかったら、あなたはどれくらい困りますか。どれくらい心理的、経済的、実際的損傷を受けますか。それと同じくらいの心理的、経済的、実際的損傷の思いがB君にあると思っていてください。

「言ったほうは水に流すが、言われたほうは岩に刻む」という格言があります。人間は他人の言動には敏感ですが、自分の言ったことには鈍感なものです。知らず知らずのうちに、あなたの言動がB君の心に抵抗や反抗を生んでいないかを考えてみてください。

なお、あなたはまったく悪くないということもありえます。そうだとしても、世の中で嫉妬と羨望ほど恐ろしいものはありません。嫉妬と羨望の反対は感謝と報恩です。人間は己の心のなかに感謝と報恩の心が少なくなると、嫉妬と羨望を受けやすくなるものです。

B君が悪い、彼の責任だと、B君を切り捨てるのは簡単かもしれません。しかし、人を切り捨てた場合、あなたの人格の成長はそこで止まります。人格の成長が止まると、あなたはやがて他人に切り捨てられるか、裏切られます。B君を理解し、彼も満足、あなたも満足する道を発見できたら、あなたはこのピンチを真に乗り越えられるのです。屁理屈を言う人は、あなたを成長させてくれる人でもあります。B君に感謝が生まれましたか? それならあなたは一級人です。でも、なかなかそうはいかないですよね。

屁理屈を言う一番手は、思春期の子どもではないでしょうか。

あなたが思春期の子どもをもつほどの年齢でないならば、自分が屁理屈を言うことのほうが多いかもしれません。屁理屈というのは不思議なもので、相手が言っているときはすぐにそれが屁理屈だとわかるのですが、自分が言っているときはなかなか気づかず、理屈が通っているように感じるのです。なかには、屁理屈を自分の理論だとか哲学だとか思っている人さえあります。このような状態のときが、屁理屈を言っている頂点のときです。そのような人は、まず自分が屁理屈を言っているのかどうかに気づいてください。

自分の屁理屈に気づくのはじつは簡単なことです。あなたが自分の哲学や理論を言っているときは、相手はどこか納得しています。これに対して、言っているのが屁理屈の場合は、相手も屁理屈で切り返すか、議論にならない議論へと発展します。議論には、理論対立というような高等なものもありますが、その場合は具体的なデータが示されています。不毛な理論論争の場合は、相手のデータを無視して、自分のデータばかりを強調します。政治討論会や経済討論会でこうした論争がよく見られます。相手のデータと自分のものを根本のところまで突っこんだ議論になれば、これは意味のある理論論争といえるのですが。屁理屈の場合は、相手の主張やデータが無視されるのです。屁理屈同士の議論は疲れるばかりで意味がありません。自分の主張が屁理屈だと気づいたならば、その時点で議論を避けるのが、成熟した態度といえます。これがどれだけできるかが、あなたの思春期からの距離、すなわち人間的成熟の指標です。

あなたが思春期の子どもをもつほどの年齢であるならば、わが子をはじめとする多くの人からあなたは屁理屈を言われる立場です。屁理屈を言われると、こちらも屁理屈を言いたくなる誘惑にかられますが、ここで子どもや、子どもと同年齢のような人の屁理屈に乗るようなら、もっと修行をする必要があるでしょう。前にも述べましたが、親しい人の屁理屈には、相手かあなたのいずれか、あるいは両者の成長する方向が隠されています。そのまま「そうだね」と受け入れるのが大人の態度です。このようにしますと、相手は自分の屁理屈から自分の成長する方向が見つけられます。

これを職業として行なっているのが、プロカウンセラーです。

2 否定の気持ちには肯定がある

「嫌い嫌いは好きのうち」という諺《ことわざ》があります。「嫌いは嫌い」「好きは好き」であれば、ことは簡単ですが、心は複雑です。コンピューターの素子は、「一か〇《ゼロ》か」で判断します。それを積み重ねることによって、複雑な計算や判断をしています。コンピューターを駆使した、選挙予想や恋占いは、確率で予想や判断がなされています。確率で心を計りますと、次のようになります。たとえば、「好きか嫌いか」の問題になりますと、好きの項目と嫌いの項目が数えられます。その比率によって好き度何パーセント、嫌い度何パーセントといった具合です。

これは「嫌い嫌いは好きのうち」とは、根本的に異なります。「嫌い嫌いは好きのうち」というのは、嫌いだけれど何パーセントかは好きなところがあるということではないのです。

「嫌いと言いながらじつは好きなのだ」という場合もあるということをこの諺は含んでいます。同時に「好きだとは単純に言えない気持ち」も含まれています。「嫌いで好きなの」という、矛盾した気持ちもこれにはこめられています。なんだかこれでは好きか嫌いなのかわからないじゃないか、と思われたでしょう。そうなのです。人間真正面から、好きか嫌いかと問われたら、正直いってわからないものです。

「あなたは夫（妻）を愛していますか」と問われて、「愛しています」と、すぐに答える人は、幸せか単純かのどちらかでしょう。あるいは、人の前だからそのように言っているのかもしれません。逆に、「あなたは夫（妻）が嫌いですか」と問われて、「そうです。嫌いです」とすぐに答えたとしますと、あなたはその人をどのような人だと感じますか。彼らの結婚生活は破綻している、と思われるでしょう。次にどうして離婚しないのかと不思議に思うかもしれません。ほとんどの人は、「あなたは夫（妻）が嫌いですか」の問いには、即答しないか、できないと思います。

コンピューターの専門家数人に、確率ではなしに「嫌い嫌いは好きのうち」を計る素子が作れますかと、聞いたことがあります。彼らはみんな「今のところそれは不可能です」と答えました。これが可能なら、コンピューターで心が計測できることになります。プロカウンセラーとしては、いつまでも不可能であることを祈っていますが。

心理検査を、コンピューターを使って行なおうとする研究は多くあります。知能検査のように正解がハッキリしている検査は、標準化（平均とバラツキを正確に決める）のほか、検査データの処理や応用にコンピューターが使われています。性格検査でも、確率をベースとしたものには、コンピューターが使われています。しかし、心の深層を計る心理検査では、コンピューター診断の試みはあっても、まだ実際に使えるところまでは行っていません。コンピューターより、熟練した臨床心理士の心で見たほうが、正確で奥深いからです。

アメリカでは、人間の目の計測より、統計的に処理したほうが正確であるという社会的風土から、精神疾患の診断に米国精神医学会のＤＳＭ-Ⅳ(Diagnostic and Statical Manual of Mental Disorders-Ⅳ）という統計診断基準が使われています（現在は修正の加わった最新版ＤＳＭ-Ⅳ-ＴＲ)。日本でも精神科医でこの診断を使っている人は多くいます。とくに、新聞報道されるような大事件には、ＤＳＭ-Ⅳが多く使われています。アメリカでこの診断基準が使われるのは、精神疾患の患者に、多くの異業種の専門家がチームを作って治療にあたるので、お互いの誤解を最小限にできる利点があるからです。

みなさんは、神戸事件の少年Ａに下された「行為障害」という診断で、この少年の中身がおわかりになるでしょうか。統計的手法は客観的ですが、もともと心は客観的ではなく主観的で矛盾に満ちたものです。自分とは遠い存在の人の診断は客観的なほうがいいでしょう。しかし自分自身の心理査定や診断で、あまりにも客観的な見方をされますと、それが自分に対する診断なのに自分のこととして理解できないという事態が起こります。おそらく少年Aは自分の「行為障害」という診断を理解できなかったでしょう。

「好き」とか「嫌い」とかには、単純でない思いが含まれています。とくに「嫌い」と言われたとき、この言葉に含まれている複雑な感情に思いをはせてください。「嫌い嫌いは好きのうち」を思い出してください。他人が「好き」「嫌い」と直接言うことは、まずないでしょう。「好き」あるいは「嫌い」と、感情を露《あら》わにしてくれるのは身内です。あなたにとって大切な人です。面倒でも、親身な対応が必要です。

子どもは「嫌い」と親に言うことが多いものです。子どもが言う「嫌い」には、「嫌い嫌いは好きのうち」の感情が、一〇〇パーセント内包されています。これを単純に「子どもは自分を嫌っている」とストレートに受け取ってしまうと、子どもとあなたの間に不幸な結果が待っています。子どもがあなたを嫌いと言うときは、あなたの全部でなく、ごく一部分を言っているのです。

例をあげましょう。

子ども「お母さんなんか大嫌いだ。何もしてくれない」

母　親「何もしてないことないでしょう。ご飯も作ってあげているし、遊んでもあげているでしょう」

子ども「お母さんなんか大嫌いだ」

母　親「わからない子ね。お母さんのほうがいやになってしまうわ」

子ども「お母さんなんか大嫌いだ」

子どもは泣きわめき、母親は聞き分けのない子どもに、だんだん腹が立ってきます。不幸が始まります。

もし、子どもの嫌いは「嫌い嫌いは好きのうち」だと知っていたら、事態は変わります。

子ども「お母さんなんか大嫌いだ」

これに対して「本当は私のことが好きなのにこういうことを言うのは、私が何か子どもの気に入らないことをしたのかしら」と、感じることができます。すると、

母　親「お母さん何かあなたのことで忘れていたとか、気に食わないことしたかしら」

子ども「お母さんに頼んだのに、ガムを買ってきてくれなかった」

母　親「そうか、忘れていたね。ごめん。すぐに買いに行こう」
子ども「お母さんありがとう。お母さん大好き」

と、なります。

ここまで読まれた方が男性なら、女性の反応もこれと似ている、と感じられるでしょう。「女・子ども」といわれるように、女性と子どもの心性には似たところがあります。「女・子ども」というと、女性を揶揄《やゆ》しているようですが、じつはこれは女性が子育てをするためにもって生まれた遺伝子ではないかと私は思っています。子どもと似た心性があるからこそ、子どもの心が理解できるのです。子ども心がないと、子どもの心はわかりません。女性が子どもの心を理解できるように、神様が女性心性にこのような特徴をつけ加えられたのではないかと思うくらいです。

遊戯療法という子どもの心理療法の理論家は、ほとんど女性です。男性で遊戯療法のうまい人は、子ども心性を残しています。どこかロマンチックで稚気をもっています。もし、女心がわからないと思っている男性がおられたら、「嫌い嫌いは好きのうち」という格言を思い出し、女性の発言を論理的に考えず、発言の基本にある感情に着目してください。たぶん彼女はあなたが好きなのに、あなたのほうが彼女の気に入らない反応をしているか、彼女に約束した大切なことを失念しているのです。

　さて、ここまで読まれた方が女性なら、女性の感情より男性の感情のほうがもっと不可解だと感じられるときがあると思います。何が気に食わないのか、何を怒っているのかわからない、こちらの何かが気に入らないのはわかるのですが、それが何かわからないときです。そうです。このときの男性の心にも「嫌い嫌いは好きのうち」が隠れているのです。「何を怒っているの」「私のどこが気に入らないの」と、問い詰めるのは最低の反応です。彼はそれを、言葉にしないままであなたにわかってほしいのです。

　子どもや女性は、気に入らないことを、優しく聞くと答えてくれます。優しくがだいじですよ。これに対して、男性、とくに大人の男性は、聞かれるとよけいに依怙地《いこじ》になります。扱いにくいですね。「大人」と書きましたが、このときの男性の心性は「子ども」です。子ども心性なのに、大人の面子《めんつ》だけは強固なのです。ますます始末が悪いですね。

　これに対処するいちばんの方法は、かまわないで放っておくことです。子どもが駄々をこねているときは、何をしてもムダです。どうしようもありません。放っておくのがいちばんでしょう。それと同じです。このときの男性は子どもと同じ、正確にいえば、〝子ども心〟に支配されているのです。放っておいてもまたあなたにかまってもらいにきますので、あなたが男性の望むことに気づいて、それができることなら、してあげてよいでしょう。ただ、そうすることがますます事態をこじれさせるなら、男性の〝子ども心〟はかなり重症です。関係を考え直す必要があるかもしれません。

男性が男性に対して、このような態度を示すことはめったにありません。まれなケースのひとつは、父子間で起こります。ほかには、相手の男性を父親イメージで見ているときです。いずれも相手の前では、子ども心性をまともに出します。プロカウンセラーが、このような男性に会うことはまれではありませんが、一般社会でこのような未熟な子どもっぽい態度を出せば、社会不適応を起こします。

日本の男性はマザコンが多いといわれています。文化が母性社会だからです。子どもっぽい男性に出会う女性は多いと思います。それを可愛いと思う女性も存在しますが、厄介に感じたり、イライラさせられることも多いでしょう。それでも関係を持続させたいと思うならば、「嫌い嫌いは好きのうち」を、思い出してください。

3 心は柔らかく柔らかく

頭が固いという言葉があります。年齢とともに、脳が老化し、過去の経験やイメージにとらわれ、古い見方に固執し、新しいことや若者の判断基準を受け入れなくなることがあります。一度思ったことの修正がきかなくなり、○○君は△△だと判断したら、○○君がいくら変わっても、思いこみが変わらないのです。加齢によって、保守的になるのはしかたがないことかもしれません。ただ、年配なのに頭が柔らかい、若いのに頭が固い、といわれることもあります。この場合は、頭が固いのではなく、心がかたくななのです。心の柔軟性の問題といってもいいかもしれません。心の柔軟性は、年齢ではなく、人格と関係します。

頭が固いというのは、自分の考えに固執して、新しい情報や他人の意見を吸収できないことです。心が固いから外側からの刺激や変化をはね返してしまうのです。柔らかければ、スポンジが水を吸収するように、自分のなかにそれを取り入れていけます。心が柔らかいと、吸収力があり、陶冶性《とうやせい》（自分の内面を発達させていく力）が高くなります。年老いてますます円熟味が増すのです。

プロカウンセラーにとって、自分の判断をもつことは大切ですが、もっと大切なのは、相手の判断基準を知ることです。自分の判断基準からするとおかしいことでも、相手はどのような判断基準によってそのように考えているのかを知る必要があります。さらに大切なのは、自分と相手の判断基準が一致しているときに、その判断がまわりの判断基準とどの程度一致し、どの程度不一致かを検討することです。人間は、自分と一致した判断基準を検討するということをあまりしません。判断基準が複数の人と一致したときは、とくに、その判断基準を吟味することなく、通してしまいがちです。判断基準が異なっているときのほうが、判断結果は健全な場合すらあるのです。

「まわり」には、友だちなど直接対話できる個人、自分の所属するグループ、会社、会社の所属する同一業種、国、同盟国と広い範囲が考えられます。「同業者の常識が社会の非常識」というのは、よくあります。最近では、温泉の泉質に関連し、温泉業者の非常識が問題になりました。「日本の常識が世界の非常識」といわれることもあります。「わが家の常識が地域の非常識」である場合もあります。和歌山毒入りカレー事件にはこれが背景にあるように、私には感じられます。

心が柔らかいというのは、どういうことでしょう。まずは「清濁《せいだく》併《あわ》せ呑《の》む」「水清ければ魚棲まず」のように、反対のことを同時に理解できることです。清濁併せ呑んでも、それで自分が汚れてしまっては、汚濁にまみれることになります。「水清ければ魚棲まず」も真実ですが、かといって汚れた水にも魚は棲めません。「蓮は汚泥より出でて、汚泥に染まらず」が、必要となります。私は同時に理解すると書きましたが、同時に行なうとは書いていません。反対のことを同時に行なうことは、できないからです。笑いながら怒鳴れる人はめったにいません。そのようなことをすれば、自分がわからなくなってしまいますし、相手もとまどいます。このような状態が心理的症状になったのが、解離性《かいりせい》（二重）人格です。

二重人格は、自分の想像もつかないことが起こったり、あまりにも理不尽なことが襲いかかりますと、自分を二分させて、それを受け入れようとするために起こります。ひとりの自分では異なる行為、たとえば、殴ることと親切にすることを同時にできません。同時に異なることを受け入れることもできません。このような場合、片方を抑圧して受け入れる時間をずらすか、自分を二分することで両方を受け入れようとするのです。家庭内暴力をふるう人は、暴れまわったのち、妙に親切になることがあります。これは暴力をふるいながら同時に優しくすることはできないからです。このため暴力を受けている家族は、彼が優しいのかこわいのかがわからなくなり、混乱します。

もっとひどい事態で、たとえば、娘が父親に犯されるというような被害にあった場合、父親に今までもっていた信頼と、犯されるという父親に対する極度の不信が、娘に同時に押し寄せます。このため、事実を記憶の外側に押しやり、そのようなことが起こったことさえまったく憶えていなくなるか、あるいは自分を二分して父親と暮らしていくかのどちらかを選ばなければ、娘は生きていくことができなくなります。そして、片方の人格が現れているときは、他の人格は無意識に後退します。影の人格が出現しているときは、もう一方の人格は意識されないのです。

少し横道にそれました。心が柔らかいということは、相手の考えや思いを理解することです。相手のことは相手のこととして受け入れることです。自分がそれと異なる思いをもっていたとしてもです。

これは相手の考えに従うことではありません。相手がジャイアンツファンで、自分がタイガースファンであっても、相手がジャイアンツファンであることを理解するのです。自分もジャイアンツファンになることはないし、相手をタイガースファンにする必要もありません。ただ、ファンの気持ちをお互いに理解し合うのです。

自分は相手と考え方が異なるのに、相手の考えに従うと、自分がなくなります。自分の意志が抑圧されます。自分を抑圧してしまいますと、いつか爆発します。自分の心が干からびて、死んでしまいます。これは、心が柔らかいこととは根本的に違います。相手に対しても同じことがいえます。一方的に自己主張することによって、相手の心を殺してしまっては温かいつきあいはできません。相手の心が死んで冷たくなっているからです。

自分の考えと異なる相手を理解する、理解できることが、心の柔らかさなのです。日本人やイタリア人はタコを食べます。タコは悪魔の化身だといってまったく食べない民族もあり、それに対し、タコは悪魔の化身ではない、こんなにおいしいものはないのに、これを食べないなんてばかじゃないか、とタコを食べない人種を理解しない、できないのは心が固いからです。逆に、タコを食べない民族が食べる民族に対して、どうしてあんな悪魔の化身を食べられるのか、あいつらは悪魔の子弟なのか、あんな奇妙な人たちとはつきあえない、という考え方や思いを変えられないのも、心が固いからです。

タコを食べる人びとが、「タコがどうして悪魔の化身なんだ、百歩ゆずってタコが悪魔の化身だとしても、悪魔を食べて消化してしまうんだから、われわれは神の一族ではないか」と主張しても、相手を納得させることはできません。相手は「あの人たちは、自分たちを神だと思うほど悪魔にやられている。悪魔にやられているから自らを神の一族だなどと、たわけたことを言うのだ」と思うだけでしょう。このような議論を客観的に聞いていますと、当人同士は真剣ですが、論理が飛躍したり、一部だけを取り上げて相手の理論を撃破しようとしているのがよくわかります。

近代的な知識では、タコは悪魔の化身ではないでしょう。タコを食べる派は、タコを悪魔の化身として食べない派を、非近代的な民族だとしがちです。しかし、タコを食べる派も、白蛇やキツネやタヌキなどを神の化身だとして祀っています。この点では両派とも五十歩百歩です。相手を受け入れず非近代的だと軽蔑して、お互いに矛盾したことを言い合っているだけです。心の柔らかい人は、自分と相手の理論を同一レベルに置こうと努力します。

蛇は、悪魔にも神にもなります。キツネやタヌキも、だますものから守護神や守護霊になります。単なる動物を、どうして人間は悪魔にしたり神にしたりするのでしょう。これがわかるか、あるいはそこまでいかなくても、こうした見方の切り口をもつだけで、相手のことを非難したりしなくなります。議論している相手とのあいだに、共通原理や統合理論を構築しようと努力すれば、相手も自分も理解できるようになるのです。

論争になる場合、ときとして、他人ごととすませられないことも当然あります。相手を受け入れると、自分が損失をこうむるときです。現実的な利害が対立する場合は、交渉するしかありません。なぜ利害が対立するかといいますと、相手と自分の立場の双方に利と不利が混在しているからです。自分の利益は相手の不利益になり、相手の利益が自分の不利益になります。客観的に見ますと、利益・不利益の五分五分の一致点があるのですが、この一致点は当事者にはなかなか明確ではありません。自分のほうをどうしてもひいき目に見るからです。自然と自分の側に利があるように判断してしまうのです。オリンピックの判定でも、自国以外の国の演技を見ているときと自国が関わっているときとでは、客観性が違うものです。

交渉をするときには、一般的には自分のほうの利点を強調し、相手の不利な点を突くやり方をします。相手も同様の態度をとります。これではなかなか一致点が見つかりません。

こういうときは、相手の利点を認めるところから始めてみてください。すると相手は、自分が理解されたと感じます。理解してくれる人には信頼感がわきます。逆に信頼感がないと、交渉ごとは進展しません。国と国との交渉のように複雑な場合でも、両国の首脳の間に個人的な信頼感があるときとないときとでは、交渉の進展具合がまったく異なります。まして、個人間の交渉には、信頼が必要なのです。両者が自己主張をくり返す場では、信頼ははぐくまれません。相手の主張を受け入れることから始め、相手の信頼を得ることで、相手もこちらの立場を理解するようになるのです。交渉ごとは五分五分の一致点を見つけることですので、その点から見ると、どちらも自分の不利益部分はあるはずです。それをお互いに許容することによって、対立しているときより格段の利益が生まれるのです。交渉は、論理的なやりとりも必要ですが、心の納得が重要です。心が柔らかいと相手の主張を理解でき、そうするとお互いの心が開かれて、かたくなだった心も柔らかくなるのです。

心が柔らかいときは、面子《めんつ》にこだわりません。理屈では相手の主張がわかっているのに、面子のためにそれを拒否するのは、心がかたくなになっているのです。面子にこだわっていることすら気づかないとき、心は、肝硬変で肝臓が固くなっているような状態です。これが進みますと、あなたの心は死んでしまいます。誰とも温かい関係をもてなくなります。心が死んで冷たくなっている人と、心を通わせることはできませんから。

「心は柔らかく柔らかく。貞操は固く」です。

4 「が」をはらずに、「でも」はコントロールして

4：「が」をはらずに、「でも」はコントロールして

逆説の接続助詞「が」を使った表現は「我」を含んでいます。多くの人は、自分の意見を強行するときに「が」を使います。「私としてはこのようにしたいと思いますが、何かご意見はございますか」の「が」です。そのうえ、この表現は間接的に自分の責任を回避しているのです。

責任をもって自分の意見を言うことは、リーダーにとって大切なことです。そのようなときは「私としてはこのようにしたいと思います」だけでいいのです。本当に相手の意見を聞きたいときでしたら、「この件に関しまして自由に意見を述べてください」と言います。そして、原案や発言者の私見が求められたら、そのときはじめて自分の主張を述べればいいのです。だからあとになって文句が出てきたとき、このような責任回避的な「が」を述べる人

は、「あのとき意見を求めたが、誰も何も言わなかったじゃないか」とメンバーに責任転嫁し、ますますメンバーの信頼を失うのです。

「が」を使った表現は、自分の意見を責任回避的に強行するときだけではありません。まず、自分の話から「が」を抜いて話すくせをつけてください。「あなたのご意見はごもっともだと思いますが…」の「が」です。「が」を含んだ文章は、婉曲《えんきょく》表現の一種なので、一見相手の考えを尊重しているようですが、じつは自分の主張のみを伝えているのです。もし、相手の意見が本当にもっともだと感じたのなら、「が」以下の言葉はいらないはずです。「そうですよね」「本当ですね」「そうしましょう」「それがいい」などとなるはずです。

では、「が」を使わなかったら、あなたはどのようにこの会話を続けますか。もちろん、「しかし」「けれども」「でも」「そうは言っても」も同じです。あなたの会話から逆説の接続詞を使わないで話をしたり、聞いたりする練習をしてみてください。プロカウンセラーは、聞くときも話すときも逆説の接続詞を使いません。それを使うときは、よほど相手の心情を考慮してからです。不用意に逆説の接続詞を使っているカウンセラーがいたとすると、その人の「プロ性」を疑っていただいてもよいと思います。

ある人が「私はこのように思います」と言ったとしましょう。あなたがその人の意見に賛成ならば「そうですよね」と言って、それでおさまると思います。しかし、あなたがその人の意見に納得できないときはどうでしょうか。「あなたのご意見はごもっともだと思いますが…」と言ったりしませんか。これは自分をごまかしている表現なのです。もっときつくいうなら、あなたは嘘を言っているのです。なぜならあなたはその人の意見を「ごもっとも」と思っていないのですから。

相手の意見に不承知のとき、あなたは「それは違うでしょう。私はこのように思います」と自分の意見を言うか、言いたくなっているはずです。もちろん自分の意見を言ってもいいのです。お互いに思っていることを表現し合うのは大切なことです。それが通じる場合は言ってもかまいません。お互いが陰湿に意見を心の内にこもらせるよりは、そのほうがずっといいでしょう。

しかし、コミュニケーションが食い違い、ときには反目し合う結果になるときは、これではまずいですよね。どうしてこのようになると思いますか。その原因の第一は、あなたに、「なぜこの人はこういう意見を言うのだろうか」といった相手の心情に対する配慮がないか、不足しているからです。話し手の心情が読めていないし、心情を理解せずに、内容にだけ反応しているからです。

意見が違う場合は、相手の心情がわかるようにコミュニケーションを進めることが大切です。もし、相手が自分の心情を吐露し、それがあなたの言いたかったことと一致すれば最高です。

会話中の「…ですが」という言い方がその配慮ではないか、という人がいると思います。ある意味ではそうです。婉曲表現ですから。婉曲表現がこちらの主張をやわらげる効果はあります。やわらげることで、相手が納得してくれたらそれでもいいのですが、こちらが相手の心情を理解できていないと、相手の納得が得られることはまずありません。ただ、相手のほうが引いただけです。引いた気持ちがどこかで反発となって浮上してきたとき、コミュニケーションの齟齬《そご》の解消は容易ではありません。

「が」と同じような接続詞に「でも」があります。「でも」「でも」を連発する人と話してごらんなさい。スムーズな会話は不可能です。「でも」は、相手の話に同意せずに、自分の主張をするとき、相手に対して否定的なときに使われます。自分の意見を否定されたうえに、相手の意見を一方的に聞かされたら、その人と話をしたくなくなるのは当然でしょう。

「主人が何も話してくれない」「家内は自分の意見をなかなか言わない」「子どもが話もしてくれない」などと訴える人の話を聞いてみますと、せっかく相手が意見を言ってくれているのに、「でも」を言って、それを止めてしまっている場合が多くみられます。「でも」のかわりに「そう」と言ってみてください。相手は話をつづけてくれます。「でも」はその時点で、相手の話に反対の意を表明しているのです。途中で自分の意見に反対されたら、よほどの場合でない限り、それ以上自分の意見を言う気がしなくなってしまいます。「意見を言え」と言いながら、相手がその意見を聞かない態度を表明していたら、自分の意見を言う気のする人がいるでしょうか。はじめから「あなたの意見は聞かない」と言ったほうが、ストレートですので、まだましです。

「言え」と言いながら、その意見を聞かないという態度は、相手をとまどわせるか、怒らせるかのどちらかでしょう。こちらが何も言っていないのに、話していた相手が急に話をやめたり、怒ったりしたとき、あなたは気づかずに「でも…」と言っている場合が多いのです。

逆説の接続詞は、書き言葉でよく出てきます。書き言葉の場合は、相手がその場にいません。この点が対話とは異なります。自分の主張だけをしていればよいのです。書き言葉は、文章になった時点で、書き手から遊離します。自分の悪口を書かれているような場合を除いて、無視することが簡単です。とくに一方的な主張は、読者から簡単に無視されます。

論文の場合は、今までの通説やそれと異なるデータが出てきたときに、「○○によれば、××だといわれているが、しかし本実験（調査）によると△△であった。しかるに…」といった文章になります。新しい主張やデータが出てくると、いっせいに追試実験が行なわれて、新しい主張やデータが真実かどうか検証されます。この場合は、主張した人の感情は入りません。感情（主観）が入ったようなデータは、科学的でないので無視されるばかりか、その人の人格まで疑われかねません。自己主張にすぎないような文章は、論文では書かれることはまずないのです。

かなり昔になりますが、青少年の自殺が増えたとマスコミが騒いだことがあります。このときに、青少年を研究している学者が、警察の青少年の自殺に関する統計を示して、自殺が増加していないことをデータで示しました。その結果、マスコミの主張は、以後、影をひそめてしまいました。

今、問題になっていることのひとつに、インターネットの書きこみがあります。これは書き言葉ですが、チャットのように、対話を求めた内容が多く、その意味では、これは会話の変形です。直接対話なら、話し手が相手に見えます。自分が晒《さら》されているときは、人は自重します。嘘八百を語ることはありません。誰も信用してくれなくなりますから。相手に対する中傷も控えます。ところがインターネットでは、顔が見えませんので自重しにくいのです。

私が知ったある事件では、チャットの書きこみの九八パーセントは事実と違っていました。それはひどい中傷で、読む人には事実と思わせるような創作でした。もし、現実の対話なら、それは妄想レベルのことだと思いました。しかし、チャットだけを見る限り、どこか真実のように思えるのです。恐ろしいことだと思いました。若者に聞きますと、彼らは私と違って、チャットとはそのようなものだ、と思って見ているようです。トイレに書かれた落書きと同じレベルで見ているのです。チャットは、鬱憤《うっぷん》の発散にはなるかもしれませんが、これに慣れますと、責任が伴う会話ができにくくなるのではないかと心配しています。私の杞憂《きゆう》に終わるといいのですが。

少々脱線しました。私が言いたかったのは、「が」をはらず、「でも」は、ほどほどにです。

5 「われわれ」「みんな」は、「私」の代名詞

日本文化は、母性文化だといわれています。母性文化は、年功序列や終身雇用のように個人差を明らかにせず、みんないっしょの文化です。母系社会は平等が原則で、年長の女性がリーダーになります。しかし、父系社会のようにヒエラルキー（社会階層）をつくりません。

日本人の研究者は、先行データや研究との一致に安心する傾向があり、偉大な研究との同一性を強調します。これに対して、父性文化である欧米では、先行データとの差異を強調する傾向があります。日本人のこの人格特性が、基本原理の発明・発見に向かず、改良や応用に力を発揮することと無関係ではないようです。

国立大学は平成一六年四月から法人化されました。文部科学省から個性を発揮するようにといわれていますが、これがなかなかむずかしいのです。中期目標や中期計画を見るとわか

りますが、各大学ともあまり変わりません。他の大学から突出した計画は嫌われるからです。入学試験の多様化がいわれていますが、個々の大学で多様化しようとするので、その結果、多様化のはずが全体としては同じようになってしまっています。国立大学全体として計画されれば、そのほうがさまざまな多様化がなされるのですが、どのような多様化が個々の大学で行なわれたかを評価されるのでそうもいきません。

こうした傾向は国立大学だけではありません。ある企業が中国へ工場を移すとなると、われもわれもと競って中国へ工場を移しています。空洞化した日本のほうが、そのすき間を埋める需要があると思われるのですが。いっせいに大量の工場進出をしますと、当然労働の需給バランスが崩れ、低賃金を求めて進出したはずが、結果的には賃金が上昇することになります。このことは、中国にとってはいいことだとは思いますが。それでもあまりに急速な変化は、貧富の差と犯罪を多発させ、それが問題になっているようです。

最近、差別化が重要だといわれて、国際化の代名詞のようにこの言葉が使われています。しかし、これは国際化というよりは、欧米化、父性文化の取り入れといったほうが正確です。「みんないっしょ」が日本的なのです。国際化も差別化も、いっせいに行なわれるのが日本です。個性的というのは、日本では変人とされました。ただし変人が、国際的に認められたときは英雄になり、極端に高い評価が下されます。日本人の蓄積したコンプレックスの裏返しです。

日本語の特徴に、主語の省略があります。英語では、日記のような場合を除いて、主語を省略することはありません。自他を区別し、誰がそれを言っているのかが大切なのです。日本では、誰が言っているかをハッキリさせますと、まわりから除け者にされる危険性があります。自分の意見でも、みんなの意見のように、集団を隠れみのにする必要があります。「みんなが言っている」「みんなもっている」「政府が悪い」「常識だ」などという言葉が、吟味なく多用されます。「日本の常識は世界の非常識」というのは、評論家の竹村健一氏が常用している言葉で、「常識」という言葉を吟味することなく使う風潮に対する警鐘です。

日本人の場合、「私はそう思う」と言うと、生意気だとか全体を考えていないとの反発を買いやすいのですが、「みんながそう思っている」と言うと、妙に納得するのです。みんなとは誰かという吟味はほとんどなされません。子どもが親に物をねだるとき、「みんなもっている」というのが日本の子どもの常套手段です。みんながもっているのなら、買ってやらないと除け者にされるのではないかと、親が心配して買うからです。「みんなとは誰と誰なの」と質問する親は少ないようです。このように聞かれると、子どもは「A君とB君」と答えて、せいぜい二〜三人の名をあげます。「二〜三人だけなの。みんなではないのね」と言えば、しぶしぶ要求を取り下げる子どもも多いでしょう。

ただ、これでは子どもの欲求不満は残ります。この場合、子どもが「僕は○○がほしいの。だって、それがあると僕の人生はどれだけ楽しくなるかわからないから。僕はとっても幸せな気分になれると思うの」とはっきり欲求を伝えることができればいいのですが、日本の子どもでこのように言えるのは、帰国子女でもない限り見たことがありません。

しかし、このように子どもがはっきり言ってきたとき、はたして親は買ってやるでしょうか。「なに生意気言っているの」とならないでしょうか。このように言える子どもを日本で育てられるでしょうか。アメリカでは、五歳くらいになると自分の主張をきちんと言える子どもと多数会いました。

帰国子女で、外国ではあたり前だった主張を日本の学校でしたため、先生や友だちに嫌われて不登校になった子どもに何人か会いました。彼らはもとの外国に戻ると、元気になり不登校も解消されました。彼らは、血は日本人なのに、文化的には外国人なのです。こうしたケースは、欧米で育った子どもだけに見られるものではありません。中国やシンガポールなどのアジアや南米で育った子どもも、自己主張をします。自己主張をはっきりさせるのは日本では非常識ですが、世界の常識です。

カウンセリングの効果を評定するアメリカの研究に次のようなものがあります。クライエントが「私」とするところを「われわれ」と表現した数が、カウンセリングの初期と終期で減少したかどうかの研究です。同時に、クライエントの曖昧《あいまい》な表現の回数の増減に関しても調べています。効果的なカウンセリングが行なわれると、曖昧な表現や、「私」を「われわれ」とする表現は減少するのです。明確な自己主張は、人格の成長の指標とされているのです。

これは相手を無視して「我」を主張することとは別物です。相手かまわず「我」を主張するのは、不作法なこととしてアメリカでも排斥されます。友だちにもなれません。自己主張はあくまで自分自身に関係することです。自分と関係のないことや相手の領域に口出しして、自分の意見を言うことは不作法なのです。

私が体験した例をあげましょう。

私がアメリカに留学していたときのことです。ロジャース研究所へ、日本から見学ツアーのグループが訪れました。ツアーの一員だった中年の女性が私に、「アメリカ人は生意気で不親切だ」と、空港での出来事を話されました。ロスアンジェルスの空港に着いたとき、自分のスーツケースが大きくへこんでいることに気づいたそうです。

荷物係に言うと、クレイム係のところに行くように指示され、そこに行くと、ひとことのわびもなく、書類を書くように言われたとのことです。ひとことでもていねいに謝罪してくれたら許してもいいと思っていたのに、腹が立ってしかたがなかった、とのことでした。

アメリカ人は、こうした破損事故をどのように考えると思いますか。もし、スーツケースのへこみがクレイム係の責任だとなれば、彼はあやまったでしょう。しかしこの場合、スーツケースがへこんだのは、航空会社の責任です。ここでクレイム係があやまれば、スーツケースをへこませたのは、会社ではなく彼の責任だということになってしまい、最悪の場合、彼が弁償金を払わなければならなくなります。しかし、彼の役目は弁償の手続きを教えることであり、彼はその役目をきちんと果たしているわけです。

一方、この日本女性は、彼を航空会社の関連者だと見なしています。関連者は「みんないっしょ」なので、彼があやまらないのは無責任だと思っているのです。「あやまれば許す」というのも日本的です。アメリカではあやまることは責任を認めることなので、賠償責任が伴います。これでは簡単にあやまれません。

帰国子女の児童が先生ともめたことがあります。掃除当番の子たちがさぼったため、先生に叱られたのです。彼は、自分はさぼっていないのだから、叱られたり、責任を取る必要はないと主張しました。たしかに、彼は掃除をさぼってはいませんでした。掃除当番の何人かがさぼったのです。日本ではこうした場合の責任は一蓮托生《いちれんたくしょう》です。「みんな」の責任なのです。先生はみんなの責任にしましたが、彼は納得できませんでした。あなたが教師なら、どう裁きをつけますか。先生は彼の態度は日本では受け入れられないし、友だちから浮き上がることを心配して、「みんな」で責任を取らせようとしたのです。

しかし彼は日本の考え方がおかしい、先生の考え方こそ直すべきだと強く主張しました。先生は彼の態度に反発を覚え、より強く叱ってしまいました。彼は掃除をさぼっていないのに、結果的にはさぼった人よりきつく叱られたことになったのです。国際化の時代には、このような行き違いの多発が心配されます。

日本文化の特質である「みんないっしょ」は、相互扶助の精神が基本になっています。ところが、この文化を悪用して、自分の責任回避をする輩《やから》が増えてきました。失敗は自分の責任なのに、みんなの責任にして、自己責任をうやむやにしてしまうのです。国際的にはこれは通用しませんが、国内ではけっこうごまかされることがあるのです。「われわれ」とか「みんな」は、それを言っている本人の言葉であることを、心しておきたいものです。

6 他人への悪口も身の内のこと

なぜ他人や身内の悪口を言いたくなるか、それはどんなときか、あなたは考えたことがあるでしょうか。それぐらいはわかる。それはそうですね。その人があなたに悪をなし、直接言うことができないとき。直接言うと、その人を傷つけるとき。直接言っても、まったく耳を貸さないとき。仕返しを恐れるとき……などです。たしかに、誰かに聞いてもらわないことには、あなたのほうにストレスがたまります。

では、右のような場合でも、悪口を言う人と言わない人があることにあなたは気づいておられますか。あなた自身にしても、悪口を言いたくて黙っていられないときと、そうでないときとがあることに気づいていますか。シチュエーションに関係なく、他人や身内の悪口を絶えず言っている人と、悪口をほとんど言わない人がいることに気づいていますか。

今度は、あなたは悪口を言う側ではなく、聞く人だと、立場を替えて考えてみましょう。他人や身内の悪口をあなたは聞くことが好きですか。好きではないがしかたがないと思っていますか。自分の悪口を言われたときはどうですか。悪口をよく言う人とお友だちになりたいですか、敬遠したいですか。

悪口を聞くのが好きだと感じている人は、ほとんどいないと思います。もし、悪口を聞くのが好きだという人は、それに倍して悪口を言うのが好きだと思います。自分が言いたくても言えないことを、他の人が代弁してくれているとき、愉快に思ったことがあるかもしれません。そのときは、本当はあなたが言いたいときなのだと思います。悪口を言う憎まれ役を人にだけ押しつけて愉快になるのが、あなたではない別の人の場合なら、あなたはその人をずるいと思うのではないでしょうか。

信用のある人の三条件は、口が固いこと、他人の悪口を言わないこと、約束を守ること、です。他人の悪口を言う人は信用が得られないのです。なぜかといいますと、人の悪口を言う人は、そのとき聞いている人の悪口も他人に言っているからです。それ以上に、人の悪口を言う人の人格が低いからです。「人のふり見てわがふり直せ」という諺《ことわざ》があるように、他人から見ると、悪口を言う人は、他人の悪口を言えるほど立派だとは、評価できないからです。それよりこうした人にしばしば悪口を言われている人のほうが、言っている当人より立派だったりします。客観的に見て、まわりの水準と比べて、あまりにもひどい人の場合、悪口を言う気にもならないものです。言わなくてもまわりはわかっているからです。だから悪口を言う人と言われる人は、五十歩百歩なのです。

ところが、悪口やゴシップ番組は、古今東西すたれたことはありません。なぜでしょう。悪口を言いたい他人の欠点は、じつは自分のなかに同じような欠点があるからです。同種の欠点でない場合は、同レベルの欠点があるのです。誰しも自分の欠点に気づき、それを矯正するのは苦しいものです。欠点の欠点たる特徴の第一は、他人なら容易に気づくのに、自分はそれに気づかないことです。自分の欠点というのは、気づいていてもなかなか直せません。ですから他人の欠点を指摘することで、自分の欠点が軽くなるような錯覚を覚えるのです。

その証拠として、他人から欠点を指摘されると、自分の欠点を考える前に、指摘したその人の欠点が浮かびませんか。たとえば、子どもからあなたの欠点を指摘されたとき、「お前は、そんなえらそうなことを親に言えるのか。お前こそ○○じゃないか」と言い返していませんか。子どもの欠点とあなたの欠点は、別のものです。子どもたちも直す必要はありますが、あなたも自分の欠点を直す必要があります。他人の欠点を指摘することで、自分の欠点が直ることはありません。

相手が上司の場合だったらどうですか。子どもと違って、一応は指摘を聞いたふりをするでしょう。そのときに、上司の欠点を具体的にイメージしていませんか。素直に自分の欠点を直そうと思うのと、相手の欠点でもって自分の欠点を相殺しようとするのとでは、それ以後の人格の成長に差が生じます。

欠点を指摘することのむずかしさを知っている上司は、めったに部下の悪口（小言）を言いません。言えば自分の品性が下がることを知っているからです。とはいっても、親や上司は、子どもや部下の欠点を矯正しなければならないときがあります。指摘するときは、どうすればその欠点が克服できるかを具体的に指示します。抽象的な指摘は小言・悪口のたぐいになり、具体的な改良点の指摘は指導になります。指導の要点は、相手が指導を受け入れて、欠点を克服できることです。「深酒するな」「遅刻するな」というような指導は、依存症気味の者や遅刻の常習者には、小言になって、指導にはなりません。書類のチェックが甘くて、しばしば誤ったままにしておくような部下に「きちんと書類を点検せよ」とか「よく見直せ」などと言うのは、注意であって指導ではありません。「○○君と組んで、彼に声を出して読んでもらい、君が書類を一行ずつチェックしなさい」というように具体的に実施でき、それをすれば欠点が修正できることを指示するのが指導です。

アテネのオリンピックで日本は過去最多のメダルを獲得しました。その理由に、コーチの指導法の変化が指摘されています。従来の日本の体育指導は、精神指導が中心でした。つらさに耐えて頑張ることが重要とされ、カエル跳び何回とか、腕立て伏せ何回とか、科学的でない指導が行なわれていたのです。最近は、科学的な根拠のない、苦痛に耐えるような精神重視の指導は影を消したそうです。指導されるほうにしたら、科学的根拠にもとづいた、それを行なえばたしかに筋力や記録が向上すると示された練習ならば、頑張れと言わなくても頑張れます。

もうひとつは、選手の個性に合った指導、本人の持ち味を生かす指導です。天才的な才能の持ち主は、一般的な人とどこか違っています。違っているからこそ天才なのです。それを生かさない方法はありません。アメリカやオーストラリアの水泳や陸上競技の選手で、優勝メダルを五つも六つも獲る人がいます。同じような競技種目だとこれも可能かもしれませんが、オリンピックともなれば、一〇〇メートルと二〇〇メートルとでは、内容や性質がまったくといっていいほど変わることもあるでしょう。それを克服するには、たぐいまれな才能に恵まれているほかに、個人の特徴が十分に生かされていることが必要です。二〇〇四年のアテネオリンピックでは日本も北島康介選手が二個の金メダルを取りましたが、これは彼の個性を生かす指導をコーチがしたからだと思います。

才能のある人は指導せずに、個人のもつ特質が発揮されるように援助するのが、古来からいわれている教育の原則のひとつです。指導では、指導者のレベルまでしか伸びません。指導者のレベルを超える才能をもつ人を、指導してはいけないのです。

悪口や小言を言うとき、言う人はどこかに不全感や老いがあります。自分の仕事が十分にできていたり、心が充実しているときには、人間は誰かの悪口を言わないものです。疲れているとき、年をとって精神が老いてきたとき、人に対する悪口・小言・欠点指摘が増大します。

若いときには人の悪口を言わなかった人だと、あなたを仮定しましょう。このごろ、ぐちが多くなってきたと感じられたら、自分の老いを自覚してください。自分の体力や精神力以上の課題を背負っていないかを点検してください。

あなたがまだ若いのに、人の悪口や欠点を言う人だと仮定しましょう。あなたは今、自分の人生や生活に不全感を感じているのだと思います。あなたにはあなたを認め、理解し、甘えさせてくれる人が必要なのです。極端ないい方をしますと、あなたの人格が子どもっぽいのです。子どもは自分の欠点を指摘されたり、注意を受けますと、言い訳したり、自分の欠点を他人に転嫁します。子どもは好きな人や愛されていると感じる人には、このような態度はとりません。

先ほど、他人の悪口や小言がふえるのは老化現象であると述べました。老化は現象としては、未発達と似ています。だから、もしあなたが若いのに他人の欠点をあげつらう性質があるのなら、あなたは若くても老化しているか、逆に子どもっぽいということになります。

再度いいますが、あなたにはあなたを理解し、甘えを許容しくれる大人が必要です。でもそのような人はなかなかいませんね。だとすると、他人の欠点をわがものと考えて、地道に直すしかしかたがありません。「他山の石をもって玉を攻《おさ》むべし」という言葉どおり、「他山の石をもって己を磨くべし」です。

7 理屈と人情――「それで…」の使い方

民法の神様といわれていた、我妻栄《わがつまさかえ》先生の著書に『法律における理屈と人情』があります。そのなかにおもしろい話が載っていました。ある建物ができあがったとき、高さ制限を三尺（約九〇センチメートル）オーバーしていました。今さら、建物を三尺削ることはできませんし、法を破ることもできません。結論としては、建築物の高さを計る基準点が地面ですから、建物の建っている土地を三尺盛り土して解決したそうです。なかなか味のある解決だと思います。

法律は論理で成り立っています。法律が必要なのは、人間が群れで暮らす動物だからで、群れには群れの掟《おきて》がいるからです。しかし群れは個人から成り立っているので、個人の感情が群れの掟に抵触することがよく起こります。心が関係するところでは、とくにそうです。

なぜなら心の問題は、論理では解決しないからです。心は論理にも動かされますが、情も関係しています。心の機能として、思考と感情は対立する関係にあります。「論理としてはそうでしょうが、でもそれでは納得できません」「規則だといっても、それではあまりにも冷たいじゃないですか」などと言うとき、そこには論理と感情が対立している構図があります。我妻先生の例では建物が無生物ですので、前記のような解決ができますが、家族の問題となるとなかなか論理だけでは解決しないところがあります。

法律家に聞きますと、家族法は他の法律と一律に論じられないところがあるそうです。家族間では経済的な面も重要ですが、その絆《きずな》は理屈より感情が支配しています。感情はしばしば論理を超えます。

たとえば、民法で離婚請求ができる要件に、「配偶者が回復の見こみのない強度の精神病になったとき」という条項があります。しかし、考えてみるまでもなく、配偶者が精神的な病にかかったからといって、すぐに離婚が認められるようなら、それまでの配偶者との人間関係、夫婦の情はなんだったのかということになるでしょう。『家族法判例百選』の判例を見ますと、精神疾患によって家庭や家族として機能しなくなるような困難な状況であり、精神病にかかった配偶者の離婚後の処遇が確立していないと、離婚は認められないようです。

当事者の感情的な一致がなければ法で強制することは制限されています。

「智に働けば角が立つ。情に棹《さお》させば流される。意地を通せば窮屈だ」は、漱石の『草枕』の冒頭にある文章です。人間がもめるのは、相手を理解しないからだ、とすでに述べました。もめている現場で起こっていることは、論争の根底に感情のもつれがあるにもかかわらず、表面上は論理で争っているからです。法人同士の民法上のもめごとは、個人のそれに比べると解決が容易な場合が多いようですが、それはほとんどの問題が金銭で解決されるからです。

個人の民法上の問題も、最終的には金銭でしか解決できません。しかし、感情の部分は、金銭では納得できないものがあります。何億円という遺産相続にからんで、わずかの金額でもめることがあります。客観的に見るとそれぐらいの額の増減なら、もめなくてもいいじゃないかと思われるケースは、必ずといっていいほど「情」がからんでいます。わずかの金額の差に、「どちらのほうが親から愛されていたのか」などという思いがこめられている場合があるのです。

プロカウンセラーは、離婚問題に関係する機会がよくあります。離婚がしかたないと思われるときは、弁護士を紹介し、法的な解決に委《ゆだ》ねます。法による解決は、判決確定でもって終わります。が、「情」の部分は判決があったからといって、それで終わらない場合が多いのです。そこから本当の問題が始まることさえ少なくありません。

慰謝料は、もらう立場からすると多いほうがいいと思われるでしょう。慰謝料を払うのは、離婚に至った責任が大きいほうです。離婚の原因の責任をとって多額の慰謝料を払ったら、払ったほうの感情はそれで完結します。しかし、もらったほうは、自分の癒《いや》せぬ思いをお金に変えたという思いがつきまといます。多額の慰謝料をもらってよかったと思い、それで感情的にも完結したと感じる人は、はじめから相手に対する情が深くありません。離婚相手に対する情が濃い人ほど、慰謝料（お金）で慰謝できる感情部分は少ないのです。子どもの養育費など、実際に必要なお金の場合は、このような感情は起こりません。社会的には相手のほうに非がある場合でも「夫婦の責任は情の部分まで含めると五分五分」だと洞察し、慰謝料をもらわずに離婚した人のほうが、離婚成立後に過去を引きずらずに、自分の人生を歩んでいくことができるようです。

自分は働いていないから、経済的に自立できていないので、離婚できないと思っている人がいます。これを心理的な観点から見ますと、経済的にではなく、本当は心理的に自立できないから、離婚できない場合がほとんどです。なぜなら、経済的に配偶者に依存していても、配偶者が突然の事故や病気で亡くなったら、残された妻は経済的な自立の道を進まざるを得ません。また夫に浮気されても、借金されても、自分のほうが働いて、結婚生活を継続している妻もいます。それに比べ、心理的には離婚状態であるのに、離婚しないで経済的に依存しているのは、いかがなものかと感じられるときもあるのです。

「夫婦喧嘩は犬も食わない」といわれるように、夫婦の問題は外からはうかがい知れないところがあります。ここで、反発を感じられた方は、感じられたところを掘り下げてください。「夫婦は五分五分」だと思ってください。「何が五分五分だ。相手が悪い」と思われる人は、相手もあなたのことをそのように感じています。いやなのに無理やり結婚させられたのでない限り。

プロカウンセラーが離婚問題に関わるときは、基本的に「離婚しても良し、離婚しても悪し。結婚を継続しても良し、継続しても悪し」と、考えて夫婦の話を聞いています。夫婦のお互いが、離婚するほうがよい、との心理的結論を出されたら、離婚がいいのです。結婚を継続するほうがよいと、双方改めて心が納得した結婚継続は良しなのです。心が納得できますと、次の日から新しい人生に出発できます。過去を引きずらないで再出発できるのです。不思議なことですが、納得がいく場合、経済的なことはあまり問題になりません。実際にはあっても、結婚継続の場合は二人で解決しようとしますし、離婚の場合は自分で自分の日々の生活を考えるようになっています。

話が離婚に集中しましたが、理屈と情がからむところでは、離婚問題だけでなく、情の理解を優先させたほうが解決は早くて、スッキリします。相手の理屈が屁理屈に感じられたとき、人びとは少し腹が立つか、感情的になります。どうしても論理で相手をやっつけよう、論理で勝利をおさめようとします。読者のみなさんのなかで、論理で相手を打ち負かし、相手が感情的には納得せずに、しかたなく鉾《ほこ》を納めたあとで、相手とうまくいった、という経験をおもちの方はいらっしゃいますか。少ないと思います。

プロカウンセラーは、屁理屈ばかりの人や理屈より感情が先立った人に会うことが多い職業です。相手の話をそのまま聞いていますと、クライエント自身が話のなかで、自己矛盾した個所に気づかれたときは、自らの非を感じて、自分で修正されます。気づかないクライエントの話は、「それで……、それで……」と、次を聞いていきます。矛盾を論理的に追求せずに、どうして非論理的な考え方になっているのか、そこにはどのような感情や心情がからんでいるのかを、教えてもらう感じで聞いていくのです。

情を理解しようとすると、相手の考え方や意見の欠点、矛盾を追求しないことが大切なのです。相手の論理の欠点や矛盾を追求すると、追求するほうも論理的になります。論理に論理をぶつけるとどちらが正しいかの論争になり、相手の気持ちを理解しようとする態度にはなりません。論理的な面は、お互いに自分が正しいと思う主張があり、お互いの一致点が見つけにくいのです。外交交渉のように、一見論理と論理の戦いのように見えても、誰と誰が交渉するかといった、人の部分が大切であるのは常識です。なぜ国と国の交渉に、人と人との関係が大切かというと、情の部分は人と人との関係でしか交流できないからです。心は心としか交流しないのです。

相手の意見に賛同をおぼえないけれど、それでも相手と関わる必要のあるときは、相手の情を理解しようとしてください。「それで…、それで…」と、話を聞いてください。きっと相手の気持ちがわかり、あなたとの一致点が見つかると思います。たとえ一致点が見つからなくても、感情的な対立を残さずに別れられます。

8 集団と個人

人間は集団で生活する動物、家族を作る動物です。群れには群れの掟《おきて》ができます。群れの掟が体系化されたものが法律です。群れの掟は、メンバーに対してきびしいものです。掟に反しますと、身体的か心理的かは別にして、群れから追い出されます。

心理的な追い出しのひとつが、村八分です。火事と葬式以外は、村のすべてのつきあいからはずされます。子どもたちの間に起こっている、いじめやシカト（無視）もこの種の制裁です。大人たちはそうしたいじめやシカトの大部分が理不尽なものだと、判断しています。たしかに、子どもたちのこうした行為はしてはならないことであり、当然のこととして、加害者の子どもたちを罰することは必要だと思います。しかし同時に、いじめやシカトが起こるのは、被害者側の子どもが、子どもたちの集団の掟に反した行為をしている場合もあるという見方も必要です。

行為自体を罰することと、子どもたちの気持ちを理解することとは異なります。子どもたちの心を理解しないで罰だけを与えますと、強権的に子どもたちの気持ちを抑圧させるだけに終わります。これでは、いじめやシカトは大人の見えないところで行なわれるようになります。また、それだけのエネルギーがない集団では、グループが解体してしまい、あとには、子どもたちの間にシラケが蔓延します。

一九六〇年代の大学紛争は、過激派が主導したものだと世間から思われるような、行き過ぎの面をもっていました。しかし、そこには青春期の学生がもつ改革へのエネルギーがあったことも事実です。とくに紛争の初期は、教師たちにも大学改革の思いがありました。紛争のあとに残ったものは、無気力になった学生たちであり、学園です。大学が改革されたかどうかは疑問です。加えて、大学の治安は明確に悪化しました。それまでは、かばんを研究室や教室に忘れても、盗まれることはありませんでした。女子トイレに痴漢が出ることも、研究室に泥棒が入ることも皆無に近かったのです。治安の悪化は日本全体のことですので、大学も例外ではないのですが、それでも一般世間より治安悪化の度合いが目立ちます。

文明の進歩は集団を大きくしてきました。交通と通信手段が発達したためです。集団が大

8：集団と個人

きくなると、関係は希薄になります。ひとりの人間が接することができる範囲には限界があるからです。関係が希薄になると、集団の掟と個人の心理に乖離《かいり》が生じます。集団と集団の意見の相違が増大し、掟が複雑になります。集団と個人の倫理が乖離しますと、集団の掟が守られなくなります。そのうえ、個人と個人のつながりも薄くなります。なぜなら、個人がよって立つ集団、準拠集団がなくなるからです。個人は個人の倫理と考えで動きますが、この個人の倫理は、集団の掟を基本にして形成されてきますので、倫理がすたれてきます。

倫理観がなくなってくると、集団の凝集性が弱まり、集団を統治する側は、統制を強めようとします。権力的な統制は、表面上の倫理・道徳を復活させます。集団の統制に親和性をもった個人は、心情的にも集団の掟に従うのをこころよしとしますが、そうでない個人は面《めん》従腹背《じゅうふくはい》になり、エネルギーを喪失していきます。

集団の掟が強くなるにつれ、掟でしばってはいけない部分まで統制が浸透し、権力の集中や集団至上主義が台頭してきます。じつはこれは、集団の解体の危機が迫っている状況です。国家なら、政体・政権が激変するときです。より身近にわれわれが体験する例では、ブームがあります。ブームは政党から芸術、土地、株、原油、その他の品物にまで及びますが、どんなブームもやがて去ります。ブームが去ったとき、なぜそのことにあれほどみんなが熱狂したのかがわからないことが多いものです。「おごれる人も久しからず」なのです。

ベストセラーを出した出版社や〇〇ブームで儲けた会社がそのために赤字になったり、つぶれることも起こります。「たまごっち」やナタデココのブームや、その後を憶えている読者もいらっしゃるでしょう。これは、ブームが終わったとき、会社が多くの在庫を抱えるからです。土地ブームでも金融機関をはじめ多くの会社が倒産しました。心は移り気なのです。とくに、大衆を巻きこんだものはそうです。長年の伝統的掟は変化がまれですし、たとえ変化するのでもゆっくり起こります。それに対し急激なブームは大地震のようなもので、破壊的で、揺り戻しもあります。

ブーム的・熱狂的な掟は激変します。昨日まで信じていた群れの掟が、一日にして一八〇度変わることがあります。掟を信じていた個人ほど落ちこみが激しく、自己嫌悪を起こし、自己破壊的にさえなります。集団が信じられないため、集団に対して破壊行動を起こします。太平洋戦争の敗戦は、まさに日本中に浸透していた国家の掟を根底から変えました。政体が変わり、主権在民となりました。軍国主義国家から戦争を放棄する平和国家になりました。財閥が解体され、農地開放がなされました。「鬼畜米英」から「親米」になりました。こうした激変を受けて、なんのために米英と戦ったのかと、アイデンティティを失った人びとが続出し、なかには、皇居前で割腹自殺する人、愚連隊として非行グループに入る人、覚醒剤におぼれる人などが出て、掟と倫理の荒廃が起こりました。

掟のもつ問題は、個人をきつくしばるわりに、時代と共に変わっていく部分があることです。掟を破るときびしい制裁が待っています。しかし、掟が変わったのに、なおそれを遵守《じゅんしゅ》しようとすると、集団から取り残されるだけでなく逆に制裁されたりもします。集団と個人の関係は、集団に適応しなければならない反面、適応しすぎると自分がなくなります。そのうえ、今も言いましたが、集団の規範はしばしば変わります。

これに対応しようとするなら、人格を柔軟にしなければなりません。老人は、一般的に若者ほど柔軟ではなく、電化製品や通信器具の変化でも、若者ほど素早く柔軟に適応できません。それでも物との関係なら、適応しなくてもすみますが、価値観の変化や倫理観・道徳観の変化は否応なしにすべての個人に迫ります。

現在起こっている集団と個人に関わる最大の問題のひとつが「少子高齢化」です。高齢化が進むと、当然少子化が起こります。これは自然の掟です。そうでないと人口爆発が起こりますから。人口爆発は、人類のカタストロフィー（悲劇的な破局・急速な破滅）を起こします。だから、中国のように「一人っ子政策」を国家の掟として実施している国があるのです。

「少子高齢化」は、敗戦のように急速な掟の変化をもたらすものではありませんが、それでも徐々に大きな変革として迫ってきます。ボディブローのように効いてきます。年金の改正は、老人ばかりでなく、若者の生活にも影響を及ぼします。年金が少なくなると、老人は今までの生活様式を変える必要が生じます。またフリーターの増加が問題になっていますが、彼らの多くは、金額の多少はあっても、親から金銭や住居などの援助を受けています。現在は、まだ親が援助することが可能ですが、次の親の世代になると、援助不可能だといわれています。親の経済状態が悪化するからです。

掟の変化で、強く影響を受けるのが弱者です。弱者には、経済的弱者だけでなく、精神的、人格的、能力的弱者もあります。経済的弱者は目に見えますし、統計にも現れます。それだけ対策が実施されやすいのです。また能力的弱者も、障害者のように明確なケースは不十分ながらも、対策がなされています。知的障害者に対する対策も、重度の障害者対策は進んでいるのですが、軽度の障害者に対する対策は薄いままです。

能力のなかでは、家事や料理などの能力が、経済的、身体的、日常生活に大きな影響をもってきます。テレビではよく「一万円で一カ月過ごす」といった番組を放映しています。これを見ますと、料理の工夫や光熱費の節約に心を配るなど、日常生活能力が経済に大きく影響しているのがわかります。こうした番組では、料理は工夫しだいで、安くて栄養があって、おいしいものができることを教えてくれています。一食一〇〇円程度で、こんな立派な料理になるのかと不思議なくらいです。しかし、これを作るには家庭料理の能力が必要です。コンビニやデパ地下のできあい料理に依存していたのでは、この能力は生まれません。

　精神的に弱いと、変化への対応に応じられません。心がかたくなになるからです。心が流されてしまうからです。日常生活が円滑でなくなるからです。これを改善するのは、教育しかありません。今までの学校は、進学目的の教育が中心でした。学歴偏重という暗々裏の掟があったからです。家庭でも両親が忙しくなったため、日常生活能力を増大させる家庭教育が減りました。高齢者の日常生活能力の減退は自然現象です。しかし、今後は若いころから日常生活能力の低かった高齢者がふえると思います。

　プロカウンセラーとして、不登校の子どもたちに日常生活の楽しさと日常生活能力を増加させる教育を、心理的なサポートをしながら進めていくと、子どもたちは生き生きと生活しだします。非行の子どもたちも、日常生活能力は低いのです。親と共に料理や家事をした経験が少ないからです。いっしょに食事を作り、彼らの心を理解していくと、非行がなくなっていきます。彼らこそ、今の教育に何が必要かを教えてくれているような気がします。

9 夢は生きるエネルギー

現代人の多くに見られる精神疾患に、軽いうつ病・うつ傾向があります。うつは、まじめで、几帳面で、細やかな神経の持ち主に生じやすい症状です。現代人は忙しすぎます。肉体的にも精神的にも疲れている人が多いのも、軽うつ症がこれほど生じていることの原因です。軽うつがふえている原因は、プロカウンセラーから見ますと、現代人が老若男女を問わず、夢をもてなくなっていることにあるように思います。夢をもっているときは、うつにはなりません。少なくとも、なりにくいといえます。うつになりますと、夢がなくなります。死にたい衝動にかられます。何もしたくなくなります。夢と希望があると人間はいろいろ活動したくなり、だからうつにはならないのです。

専門的にいいますと、うつはタナトス（死の方向のエネルギー）がエロス（生の方向へのエネルギー）に勝っている状態です。人間の心の活力は、エロスとタナトスのバランスで成り立っています。このバランスが崩れますと、精神生活になんらかの影響を与えるようになります。うつは、タナトスがエロスに勝った状態ですので、エロスが回復すると治ります。恋愛はうつの特効薬です。夢は、恋愛ほど劇的に効かないという意味からすると、うつの漢方薬か常備薬かもしれません。子どもにうつが見られにくいのも、子どもは生きるエネルギーや夢を豊富にもっているからです。生き生きしていない、活発でない子どもは病気です。最近では、子どもにもうつ状態が見られますが、それは子どもが夢をもてなくなり、疲れているからです。

ところであなたは今、どんな夢をおもちですか。あなたの夢が建設的で現実的なほどあなたは生き生きしています。恋人がいて、結婚が決まり、新しい家や新婚旅行や新生活に夢がもてていたら、うつ状態からは遠いでしょう。あなたは希望をもって、新しい出発点に立っているからです。

これと逆の状態に、「ホッとうつ病」というのがあります。家を新築した、末の娘を嫁に出した、子どもがみんな独立したなどのときに、人間はホッとします。ホッとしたときというのは、人生にとってある段階での終着駅に到着した状態です。終着駅は次のステップの始発駅なのですが、生き方の方向性が決まっていないと、どの電車に乗っていいかがわかりません。いっしょに歩んでくれる人を見失うこともあります。あなたは終着駅の暗い待合室の隅で、うずくまっているしか、しかたがなくなります。あなたの夢がなくなってしまったのです。

夢をもてない人に対して、逆に夢ばかりの人もいます。夢は現実とは異なります。実現するためには、そのための手段がいります。手段が非現実的だと失敗します。お金持ちになりたい、お金を得て長年の夢をかなえたい、これは夢です。夢をかなえるためには、手段が現実的であることが必要です。

博打《ばくち》で富を得ようとしてもしょせん無理です。なぜなら、博打は非合法、合法を問わず、胴元しか儲からない仕組みになっていますから。株式投機は博打よりはましですが、これで大金持ちになった人もないといわれています。なぜなら儲かった時点で、やめられなくなる心理状態が生まれるからです。東京・兜町と並ぶ西の証券街、大阪・北浜の、有名な投機家の伝記や小説をかなり読みましたが、最後まで儲かりつづけて、成功した人はひとりしかいませんでした。そのひとりとは、途中から投機家であることをやめ、取引所への参加株を買って、証券会社を起こした人です。彼は途中から、胴元へ変身したのです。

9：夢は生きるエネルギー

夢ばかりの人は、人格のなかに幼児性をもっています。幼児性は、非現実な性格をもっていますので、うまく活用しますと、発明や発見につながります。発明や発見は、常識では生まれないからです。幼児性を活用して成功した人には、粘りがあります。十和田湖でニジマスの養殖に成功した和井内貞行《わいないさだゆき》や真珠養殖に成功した御木本幸吉《みきもとこうきち》は、まわりから狂人扱いされても、己の意志を曲げずに、粘り強く自分の考えを実践していきました。

ただし、幼児性のなかには、熱しやすく飽きやすい性格もあります。夢ばかり追っていて、熱しやすく冷めやすいタイプで、成功した人はいません。夢ばかり追っている人の、まわりの人は大変です。妻やほかの家族は被害者です。たとえ成功した人の家族であったとしても、成功するまでは苦労の連続です。

サントリーの「伊右衛門」というペットボトルや缶入りの日本茶が大ヒットしました。女優の宮沢りえさん出演のコマーシャルは、「伊右衛門」が成功するまでの苦労を短時間の物語でうまく表現しています。「伊右衛門」は製品だけでなく、コマーシャルでも成功していますが、この物語中でも成功するまでに苦労があったことには変わりありません。

夢は、夢のままでおくのが安全な方法です。現実化しようとすれば問題が生じます。夢のままおいては意味がないと思われるでしょう。たしかに、家を建てたいというような、現実的な夢であれば、実現しないと意味がないかもしれません。夢は現実的な方向性をもっているものもありますが、本来、夢は心のあり方を示していることのほうが多いのです。現実的な夢とは、覚醒しているときの夢、夢だと意識しているときの夢です。よほど願望が強いときは別ですが、家を建てたいというような睡眠夢はあまり見ません。

また、宝くじに当たった夢、おいしいごちそうを食べる夢を見ることはありますが、このような夢を何度も見る人はまれです。なぜならば、このような夢は、現実化しないとムダですから。人間はムダだと思う行動は、たとえ無意識でもとらないものです。フロイトは睡眠夢を願望充足だとしました。この世でかなわない、あるいは実行すると問題になるような願望（たとえば憎い上司・親・配偶者を殺害するなど）を、夢で見るとしたのです。

願望充足には、二種類あります。ひとつは、おいしいごちそうを食べるというような、願望を現実化できる可能性のあるものです。もうひとつは、憎い上司を殺すというような、願望を現実化できないものです。フロイトのいうのは「この世でかなわない、あるいは実行すると問題になるような願望」の充足を夢で実現化することです。だから、現実化できないときには、現実的な願望を夢に見ることはあります。たとえば、フロイトの娘アンナがおなかをこわしたときに、彼女は好きな食べ物を夢に見たとフロイトは述べています。もしアンナのおなかが治れば、アンナはこのような夢を見ません。

睡眠中に見る夢は無意識です。寝ている間にこういう夢を見ようと思っても、なかなか見られません。人間は、この世でかなわない願望や心の問題を夢で見ますが、これは心の安全機能が働いているからです。夢で「憎い上司を殺す」のは安全ですが、現実に殺人を犯しては、殺した人の人生も破壊されます。「憎い上司を殺す」夢は、安全以上の役割をもっています。もしあなたがこのような夢を見たならば、あなたは殺したいぐらい上司を憎んでいることに気づきます。不思議なことですが、「憎い上司を殺す」夢を見るようなケースは、意識ではそれほど憎んでいると思わないときなのです。自覚しているときは、憎しみが意識化できていますので、夢にまで見なくていいのです。

自分では気づいていない自分の本心に気づきますと、それを改善することができます。上司は本来、憎しみの対象とする人ではありません。もし、これが上司でなくて、親や子、配偶者ならなおさらです。あなたの本心は、これらの人と憎み合いたいのではなく、仲よくしたいはずです。上司に可愛がられたい、信頼してもらいたい、大事な仕事をまかせてもらいたい、といったことがあなたの希望であるはずです。無意識の願望を知ることは、それが否定的であれば、改善する機会に結びつきます。しかし、夢は無意識の産物ですので、なかなかその意味がわかりにくいのも事実です。あなたの夢につきあって、あなたの人格の成長や問題解決につなげる専門家がプロカウンセラーです。

プロカウンセラーは、心理療法の手段として夢を使います。これが夢分析です。夢はあなたからあなたへのメッセージ（手紙）です。どうぞ大切な手紙を読んであげてください。夢分析に関してもっと知りたい読者は、拙著『プロカウンセラーの夢分析』（創元社）をお読みいただければ幸いです。

10
夢と現実——「〜したい」と「〜する」の区別

人間、誰しも夢があります。夢がないと生きていけませんから。なぜなら、夢がないと未来がないからです。夢が生きるエネルギーであることは、すでに述べました。ここでは、夢をこわさないために気をつけることを述べたいと思います。

あなたにとって大切な人の夢をこわしてしまいますと、たとえあなた自身は、その人のためを思って現実を語っても、その人はあなたをうらむようになります。

不思議なことですが、自分にとって大切な人が夢を語ると、その人に現実を語りたくなります。それも現実のきびしさを伝えたくなるものです。夢が実現した未来について、大切な人と共に語り合う人はめったにいません。恋愛中のカップルくらいでしょうか。それでも彼らの両親は、二人に現実のきびしい面を注意したくなるでしょう。

たしかに、現実吟味は必要です。夢ばかり追いかけていたのでは、本人はともかく、まわりは迷惑します。ただ、現実吟味は、今現在を基準にしているのですが、夢を語っている人は、それが成就した未来を基準にしているのです。未来は、何度も述べましたように「神仏の領域」なので、どうなるか誰にもわかりません。このように、語る基準点が異なりますので、語る側と聞く側にはなかなか一致点が見つからないのです。

それでも夢をこわされた人が、生きるエネルギーを失うのは事実です。例をあげましょう。中学三年生のA君が、A高校へ行きたいと担任に言ったとしましょう。A高校は地域でいちばん偏差値の高い高校です。もし、A君の偏差値がA高校へ合格可能な範囲か、もう少し努力すればなんとか入れるレベルであれば、担任は「頑張りなさい。君なら十分合格できる可能性がある」と激励するでしょう。

しかし、A君の偏差値がとうていA高校に届かないとき、担任は「そうか、君はA高校に行きたいのか。A高校はいい高校だ。受験は志望校が定まっていると頑張れる。頑張りなさい」と、A君の夢をこわさないで応援してやれるでしょうか。たいていの場合、「君は何を寝ぼけたことを言っているのだ。君の成績ならA高校どころかB高校でも危ない。もっと現実を見なさい。そんなことを言っているひまがあれば勉強しなさい」と、夢をこわされるばかりでなく、説教までされてしまうのがおちです。これで、A君は頑張れるでしょうか。

夢を失った彼は、勉強を放棄します。成績が下がり、B高校も危うくなり、C高校になることもあります。B高校ならまだしも、C高校になってしまうと、当初の志望校との差が大きいため、入学しても無為に高校生活を送る可能性が増します。夢をこわされなかったなら、A高校は無理だとしても、B高校は合格したでしょう。最後の選択をA君にまかせると、彼は自分で現実を吟味して進学校を選びます。自分で選択したことは、自分で責任をとろうとしますし、そのために頑張ることもできるのです。現実吟味は本人にまかせないと、現実を正しく認識できない、これが心理の真理です。

ここで大切なことは、A君はA高校へ「行きたい」と言っているのであって、「行く」とは言っていない点です。「行く」は現実で、「行きたい」は希望であり、夢です。現実の場合は、親や教師が現実吟味をうながす必要があります。しかし、夢や希望ならばそれがかなう方向にのってやるのが人情ではないでしょうか。現実吟味は、夢を現実化するときの課題なのです。

必死になって子どもの受験を考え、現実に見合った高校を選択させようとしているお母さんにお会いすることがあります。A君の母親のような立場の人です。お母さんの話を十分にお聞きしたあとで、この原理を話しました。お母さんは、「先生のおっしゃる夢のようなお話では、本当に子どもが勉強するかどうかわかりません。私がそのような態度をとったら、B高校でも危うくなります」と、信用されませんでした。

私は「もし、あなたが人気俳優のDさん（今、大人気のヨン様でもいいのですが）のようなすばらしい人と結婚したいと思っていたとしましょう。そのとき、ご両親に『何を寝ぼけたことを言っているの。自分の顔を鏡で見てからにしなさい。第一立場が違うでしょう』と言われたら、どんな気持ちになりますか。逆に、そうではなくて『そうか、お前はDさんのようなタイプが好きなんだね。親としてできることがあったら応援するよ』と言われるのと、どちらが頑張れますか。どちらが人生を前向きに生きられますか」と、聞きました。

お母さんは「前のような言い方をされると、親を叩いてやりたくなるし、失望しますね。あとのように言われると、両親を温かく感じますね。前向きに生きられます。それに私が思っていることがあまりにも夢物語的だったら、『冗談よ。いいなと思っているだけ』と、自分から親に言いますね」と言われました。

自分のことは、自分自身でもよくわかっていますので、現実のことは自分で決められます。それまで、夢をもてただけでも幸せだと思います。これを機会にして、彼女の、息子さんに対する態度は変わりました。あるとき息子さんがお母さんに言ったそうです。「このごろお母さんは、お母さんらしくなったね」と。

夢は当人には、生きるエネルギーや前向きの力を与えるのですが、それを聞くほうを不安にさせる性質があります。とくに、夢を語る人の行動に影響を受けたり、責任を感じる立場の人は不安にさせられます。人間はもともと保守的な性質をもっています。決まった行動をとると、エネルギーの節約になります。一度、一日でいいですから、いつもの行動パターンを変更してみてください。通勤電車の車両を変える、後ろの階段を前の階段に変更する、右足から入るお風呂を左足からにする、などです。おそらく、一日で疲れ果てると思います。

人間は過去の経験をもとにして生きていますので、結果をある程度予測できます。人間は遺伝子よりも、学習によって人生を組み立てており、経験知（経験によって得た知識）によって、生活基盤や安全性を確認しています。ですから、予測できないことに直面しますとあせります。パニックになる人もあります。

保守的な人ほど過去を重視します。老人より若者のほうが夢を多くもっているのも、老人は経験知が豊富ですが、新しいことに対する学習能力が落ちていることもあり、過去を基準にしがちだからです。自分ができないことに対して、人は憧れと同時に、嫉妬や羨望、不安と拒否感をもちがちです。夢に反対するのは、たいてい年上・目上の人です。もし年下・目下の人から夢に反対されるときは、夢を夢として語っているのではなく、現実に行動しようとしているからです。その場合は現実吟味が必要です。

心が弱っているときは、夢をもてません。未来に対して不安になるからです。人間はこわいときや環境に適応できないときほど、保守的になり、夢がもてません。さらにもっと心が不安定になりますと、現実生活が送れず、夢の世界に逃げこみます。このようなときは、夢をもつかもたないかというようなレベルではなく、夢の非現実世界がその人の現実となります。

自閉症児は独特の自分の世界をもっています。それはある種の非現実的な世界です。その世界が現実と接触したとき、問題が生じることがあります。たとえば、典型的な行動のひとつに「同一性の保持」があります。同じ道を通らなければならない、同じ手順で行なわなければならない、などのこだわりです。手順が異なり、たとえば道路工事でいつもの道でなく、回り道をしなければならないときなどには、パニックになったりします。あなたが夢をもてなくなっていたら、自分の心が弱っているのではないかと、点検してください。

夢と現実でもうひとつ大切なことがあります。夢を語る人にとって大切な人、本気で愛している人、具体的にいうと親や教師、配偶者は、夢を聞いてあげてほしいのです。少なくとも夢をこわさないようにしてほしいと思います。夢を語る人にはある種の危うさがあります。彼らは、夢を聞いてくれる人を、現実吟味なく信じてしまう傾向があるのです。夢を語る人を利用しようとする人は、彼らの夢の話にのるふりをしてだまし、だます人は、相手の不安につけこみます。「振り込め詐欺」は、不安につけこんでいる典型です。これを防ぐには、日ごろからのコミュニケーションが大切です。大切な人との日ごろのコミュニケーションを円滑にするには、夢とぐちを聞いてあげることです。

最後にもう一度、「○○したい」と「○○する」の違いを意識していてください。「○○したい」は夢なのですから、どうかその夢を聞いてあげてください。現実吟味をするのは、夢を聞くほうではなく、夢を語る人自身です。

11 孤独と除け者に、悪魔は迫る

人間の感情のなかで、嫉妬と羨望ほど厄介なものはありません。嫉妬と羨望は、自分が受けてもいやですし、相手に抱いても、心地よいものではありません。嫉妬と羨望は、集団で起こることもありますが、ここでは個人の場合について述べたいと思います。

嫉妬と羨望が、胸のなかにわきあがるとき、あなたは自分のなかに「悪魔的なもの」を感じませんか。嫉妬と羨望が起こっているとき、あなたの心の一部は悪魔に支配されているといえます。嫉妬と羨望を他人に起こさせるとき、すなわち、あなたが誰かの嫉妬と羨望の対象になっているときも、悪魔のねらいはあなたにも向かっています。「あいつが勝手に、こちらに嫉妬と羨望を抱いているのだ。あいつの人間性の問題だ」と思っていると、あなたは悪魔の絶好の標的にされてしまいます。たしかに「あいつ」が勝手に嫉妬と羨望を抱いており、あちらの人間性の問題です。しかし、あなたがこのように責任をすべて相手に負わせて、否定的に「あいつ」を見る、このようなあなたの人間性が悪魔の標的になるのです。事実はあなたが考えるとおりなので、いっそう悪魔にねらわれやすいのです。

悪魔の好物は「深酒・孤独・除け者」です。あなたに嫉妬と羨望を抱く人は、あなたのようになりたいのです。あなたをうらやましく思っているということは、「自分もああであればなあ」と憧れているのです。それなら現実的に行動し、努力すればいいじゃないか、とあなたは思うでしょう。そのとおりです。しかし、もし嫉妬と羨望を抱く人が現実的に努力して行動できるならば、あなたにそんな思いを抱く必要はありません。そのようにできないからこそ、嫉妬と羨望をもってしまうのです。

あなたに嫉妬と羨望を抱く人は、あなたに憧れていますので、あなたのシンパになる可能性もある人です。シンパを切り捨ててしまうのは、あなたにとって味方を失うだけでなく、味方を除け者にしてしまうことにもなるので、いずれあなたの敵に変わってしまいます。あなたはその人を切り捨てることによって、自分の器を小さくしているのです。その人が敵に回るのは、あなたの器の狭小さゆえです。

あなたに好意を寄せる人は、あなたに嫉妬と羨望を感じている人と同類です。表現のしかたやあなたに対する行動は、嫉妬と羨望を抱いている人と一八〇度の違いがありますが、一八〇度の違いというのは、軸を反対にすれば同じだということです。「ブルータスお前もか」というのは、シーザーの有名なセリフですが、裏切りは味方のなかからしか生まれません。敵は、はじめから敵なのですから裏切りません。

悪魔は、あなたに好意的な、嫉妬と羨望を抱いている人を最大のターゲットにします。その人がいちばん裏切る可能性がある人だからです。悪魔の一匹は嫉妬と羨望を抱いている人のなかに、もう一匹は、あなたのなかに住んでいるのです。他人に住んでいる悪魔と自分に住んでいる悪魔は親戚です。心理的遺伝子に共通部分が多いのです。

医学の分野では、今、遺伝子解析が盛んです。心理的遺伝子という言葉は、私の造語です。心理的遺伝子は、影響を与える人から人へと伝達されます。いわゆる以心伝心です。親子の性格が似るのは、生理学上の遺伝子の影響もありますが、心理的遺伝子も影響しています。遺伝子的には他人である夫婦が、長年連れ添っていると性格が似るのは、心理的遺伝子をお互いに授受し合っているからです。少し横道にそれましたが、自分の心理的遺伝子分析をしてみてください。

心理学では自分のなかに住んでいる悪魔のことを「影」と呼びます。影とは、自分のなかにある、自分自身が認めがたい自分です。人間は、自分が認めがたい自分を他人に投影する（他人のこととしてしまう）という心理機能をもっています。自分の一部分だと思うとしんどいからです。そして他人のものということにすると、自分の欠点が他人の欠点にすり替わります。ラベルをつけ替えることで、生産地を変えるようにするのと同じで、中身や本質は変わりませんが、それでごまかせるような気分になれるのです。一種の自己欺瞞です。

さらに巧妙なことに、人間はそれが自己欺瞞であることに気づかないようにする、心理作用さえもっているのです。人間の知恵（悪知恵）はそうとうなものでしょう。これも自分を守るためです。自分の欠点だといくらそれがいやでも、攻撃することはできません。攻撃は自分に向かうからです。攻撃を自分に向けると、極端な場合、自殺する以外、道はなくなってしまいます。しかし他人だといくら攻撃しても、自分は傷つきません。

少し極端な例をあげましょう。

最近、世間でよく耳にする精神症状にうつ病や躁うつ病があります。躁うつ病はうつ病と躁病を伴うものです。うつ病は、悪いのはすべて自分だと、自分を責めます。躁病になりますと怒りっぽくなり、他人やまわりが悪者に思えます。このようにうつ病と躁病は、表面上の症状が反対です。正反対の病状を示していても、同一人のものですから、根は同じです。

根が同じなので、生理的心理的状況によって行動が正反対に変わるのです。ふだんは無口なのに、お酒が入ると「六口《むくち》」になる人のようにです。

意識的にいくら気づかないようにしていても、無意識は知っています。無意識の罪の意識やごまかしが表面化したのが、心の症状です。心の症状は、ごまかしをやめて自分の欠点を認め、自己の器を大きくして乗り越えますと、消えてしまいます。カウンセリングはそれを助ける方法なのです。だから、カウンセリングは思ったほど楽ではありません。自己を見つめる作業ですから。

それでもカウンセリングを受けることは、心の症状に苦しむより発展性があります。カウンセリングが心を楽にするのは、たしかです。しかし、受けはじめると苦しくなる人も多く出てきます。それは、自分の心理的課題と取り組みはじめるからです。人格を高めることは容易ではありません。人格を高めるいろいろな修行が苦しいのと同じです。カウンセリングは悩みをとるのではなく、悩みを深める作用をもつのです。

嫉妬と羨望に自分が気づく指標に、見栄があります。見栄をはる人は、嫉妬と羨望も強いようです。嫉妬と羨望は、自然に出てくるので厄介ですが、見栄はそれに比べて意識的です。

「見栄をはっている自分」を意識できます。なぜなら嫉妬し羨望することは、現実と関係なくできますが、見栄のほうは、実際にどこかで無理をしているので苦しいものです。この苦しさは、現実の生活と見栄的行為に差があるところから生まれます。お金がないのに、友人がルイ・ヴィトンのバッグを買ったから、自分も買うというような行動です。こうしたことをつづけていると、現実的なツケが自分に回ってきます。友人に嫉妬と羨望を抱くより、現実的でしょう。

友人が別荘を買ったと知って、見栄をはって「自分も買った」と嘘をつくと、その嘘に自分が苦しめられます。それより「別荘を買うなんて。成り上がりのような行為をして」と嫉妬と羨望をもっているほうが、現実に苦しむことはありません。見栄も、嫉妬と羨望も、根は同じです。どちらも人格の未熟さと器の小ささに根があるからです。人格の陶冶《とうや》を図らない限り、見栄も、嫉妬と羨望も、解消しません。それでもまだ見栄のほうが意識できるだけ、改善が容易です。見栄は、自分ではごまかしているつもりでも、他人から見ると「ミエミエ」です。

ただし、自分の見栄をコントロールしようとしてもできない人は、あまり無理をしないでください。人格は自然に行なわれたときしか成長しません。無理は、自分を押し殺す行為ですので、かえって症状を固定させてしまいます。コントロールしようと思ってもできないのは、それが人格の中枢部と関係しているからです。嫉妬と羨望の反対は、報恩と感謝です。報恩と感謝ができるためには、報恩と感謝の気持ちを向けたくなるような人と出会わなければなりません。あなたがいくら未熟で、自己中心的で、わがままであっても、あなたを受け入れ認めてくれる人が必要です。あなたのまわりで、このような人をさがしてみてください。どうしても見つからなくて、それでも自分の人格を成長させたい人は、「内観療法」という心理療法もあります。

そのほか、あなたのなかにいる「悪魔」や「神様」と、声を出して対話してみるのもひとつの方法です。これはまわりに人がいないときにしてください。でないと、変に思われてしまいますからね。

12 依存性は甘い麻薬

「優しさが　飲むと豹変　こわき人　男こころは　不可解という
それにつけても　別れぬとは　女こころは　不可解と知る」

家庭内暴力のひどい夫に苦しむ女性は、いつの時代にもいます。客観的に自分を見ることができても、夫と別れられない状態の女性もいます。明治六年、太政官布告によって女性から離婚請求ができるようになった年に、日本における離婚率は最高でした。この事実は、江戸時代の法律のもとでは、特別な場合を除いて、女性の側から離婚請求ができず、それゆえに虐《しいた》げられていた女性が多くいたことを示しています。明治のこの布告のときに、女性からの離婚請求がブームになり、離婚して後悔する女性も多数現れたため、ときの新聞が警告を発したという笑えない事態も起こっています。土地にしても、投資にしても、遊具にしても、ブームやバブルには注意が必要かもしれません。

横道にそれました。夫の家庭内暴力に対して、他人だと「あの男はダメだから、別れてしまいなさい」と、客観的に判断できるのに、当の妻は別れられないことがあります。「夫婦喧嘩は犬も食わない」という諺《ことわざ》のように、夫婦の機微は他人には知り得ないものです。それにしても、他人から見れば別れないのが不思議だと感じられるような事例も多数あります。このような場合には、夫婦の間に相互依存関係（共依存）があるのです。

夫婦関係の問題は、浮気にしても、暴力にしても、借金にしても、社会的に見るとどちらか一方に非がある場合でも、心理的な関係にまで評価対象を広げると、大部分の場合、非は夫婦で五分五分です。これは罪過だけでなく、よいことに対してもいえます。永年勤続で夫婦そろって表彰されるのも、文化勲章授与式に配偶者が招かれるのも、功績が夫婦五分五分だと世間が感じているからです。

夫婦は一心同体とよくいわれるのは、夫婦関係では共依存が起こりやすいからです。夫婦が共に自立しており、それを踏まえてお互いが助け合えるのが理想ですが、自立と依存は反対の概念ですので、これを両立させることはなかなかむずかしいことです。

自立は孤立ではありません。また相互扶助は、共依存ではありませんが、お互いが五分五分だという認識がないと共依存になりがちです。自分のほうが多く奉仕しているという感情がありますと、それは自立的な相互扶助ではありません。共依存が忍びこんでいます。

共依存は不幸な事態をもたらすこともありますが、それでも依存できる人がいることは幸せです。それさえない人は、自分に依存するか、物に依存するかしかないのです。この場合は、不幸がやって来る可能性が高くなります。

「自分が自分に依存する」というのは、わかりにくいと思います。人間誰しもストレス状態におかれることがありますが、この場合、友だちや配偶者、親や子ども、プロカウンセラーなどに話ができますと、ストレスは解消されます。また運動やマッサージ、旅行や音楽など、癒《いや》し系の活動によってストレスの解消を図ることも、自立的な方法です。

でも、飲みすぎ、食べすぎ、たばこの吸いすぎ、腹にためすぎて胃潰瘍、頭に来て高血圧、ドキドキハラハラで心臓病となると、あなたは自分のストレスを自分の身体に依存して解消しているのです。これが自分が自分に依存することです。もし、あなたが飲みすぎようとするときに、あなたの胃や肝臓に「これ以上飲んでもいいですか」と聞いてやることができれば、自分への依存性は減少します。あなたはおそらく、胃や肝臓にたずねてはいないでしょう。胃や肝臓から見ると、あなたは彼らの暴君になっているはずです。

自分の身にさえ依存できないとなると、人間は物に依存します。買い物依存症、賭けごと依存症、薬物依存症、アルコール依存症などは、物への依存症です。人依存からわが身依存、物依存となるにしたがって、依存症は改善がむずかしくなります。人への依存は相手がいることで、相手の気持ちを考慮しなくてはなりません。共依存はお互いに依存できる人の選択が必要になります。共依存の解消がむずかしいのは、両者に利益があり、解消する必要がないからです。共依存を断ち切って、自立しようとするなら、人間的成長を図る修行が必要になりますが、共依存から利益を受け、楽に過ごしている間は、それを捨ててつらい修行をしようとはなかなか思いません。

結婚しないで親と過ごす子ども、重篤な精神病でないのに引きこもって親に扶養してもらう子どもなどは、子ども自身に問題はあるのですが、そのように育てた親の側にも共依存的な要素があるといえます。こうした共依存のもつ問題は、通常、意識すると都合が悪いので、依存する相手の責任にしてしまい、自分の問題として意識しませんので、当人たちがなかなか気づかないことです。読者のなかに、引きこもりや未婚のお子さんをおもちで、自分はいつも自立するように、結婚するようにと言っている、だから、責任は子どもの側にあると感じている方がおられたら、ちょっとでいいですから共依存を考えてみてください。そして、子どものほうを自立させようとせずに、親のほうからの自立を考えてみてください。

人依存に対して、物依存は自分ひとりでできますので簡単です。対人関係がもちにくい人でも物依存はできます。むしろ、人間関係がもちにくかったり、いやだったりするから物依存になるといってもいいでしょう。依存症から立ち直るには、人間関係、それも自分をサポートしてくれる人間関係が必要です。物依存の人はもともと人間関係がへたで、対人恐怖症や人間不信に陥っているケースが多いのです。対人関係のへたな人が、人間に対する信頼と温かい人間関係をもつ必要があるのですから、その困難さは想像できると思います。

昔、精神科外来で、精神的な原因で目が見えなくなったクライエントの心理療法をしたことがあります。彼女は目が見えなくなったことで、かなりの補償金を受け取っていました。もし目が見えるようになれば、その補償が打ち切られることになります。補償金をあてにしていたのは、彼女自身もですが、それ以上に、彼女と同棲していた男性のほうでした。心理療法が進んで、目が見えてくるようなサインが現れるようになったとき、彼女は突然、心理療法の中止を申し出ました。

彼女は、「先生にもっと早く会いたかった。先生はいい人です。でも、私とは住む世界が違います。私は彼なしでは生きていけません。目が見えなくても、そのほうがいいのです」

と言って、去っていきました。

彼女は心理療法によって、目が見えないことの真の理由に気づきました。このまま心理療法を受けつづけますと、目が見えるようになることもわかっていました。それは彼との別れを意味していました。自分の目を犠牲にしてでも、彼と別れたくなかったのです。目が見えるようになり、彼と別れ、自立できると、彼女は人生を大きく変えることができます。しかし、彼女のそれまでの人生を考えると、そこまで踏みこんで課題を乗り越えていく力がなかったのでしょう。少なくとも、彼女は自分をそのように判断したのだと思います。

「人のこと」を考えて行動することは大切です。人の心を理解することも大切です。この場合に心すべき重要なことは、それが「人のこと」である点です。自分に関係することが大部分のうえ、それをしたからといって人に影響がないのに「人のことを考えて行動する」というときには、どこかに依存性が含まれています。

自分の仕事に対して、人の評価を求めることは大切です。ひとりよがりでは、大きな仕事はできません。しかし、それは仕事が人と関係し、人に影響を与える場合です。他人と関係しない仕事で、人の評価を求めたい気持ちのどこかには、依存性や甘えがあります。

それにしても、依存性は悪魔の誘惑であり、甘い麻薬です。

13 楽しいお酒は依存症にならない

深酒は悪魔の好物です。二日酔いをはじめとして、酒のうえでの失敗は、お酒を飲む人なら、誰しも一度や二度はあるものです。お酒に人生まで飲まれた人もいます。お酒に飲まれた人によって、自分の人生を犠牲にした人もいます。お酒にまつわる悲喜こもごもの話は、洋の東西を問わず多いものです。

アルコールに親しむ動物は、人間だけともいわれています。多くの動物には、アルコールが毒物として作用します。アルコールを消毒に使うのも、アルコールには殺菌作用があるからです。人間はアルコールを体内に取り入れることができたから生き残った、とまでいう人があるくらいです。

人間にとってアルコールは、善悪二面性をもっています。「酒は百薬の長」という諺《ことわざ》があるように、適度のアルコール摂取は、血液の循環をよくする身体作用だけでなく、ストレスの解消やコミュニケーションの円滑化など、精神的に大きな意味をもっています。昔から、酒は祭りには欠かせなかったものです。アルコールがない儀式は考えられないでしょう。もちろん料理は、お酒によってより華が添えられたものになります。

なにごとも二つよいことはなかなかないものです。アルコールもその例にもれません。過度の飲酒は悪魔に門戸を開きます。過度か適度かの判断はむずかしく、個人差もありますし、いつどこで誰と飲むかという状況の問題もあります。ただ不思議なことなのですが、楽しいお酒ではアルコール依存症にはなりません。苦しくてにがいお酒が依存症を作るのです。悪魔は幸せな人は好きではなくて、苦しみもがいている人が好きなのです。

一九九〇年代、ソビエト連邦がロシアといくつかの独立国に分かれたときに、ある共和国の一部地方でアルコール依存症が大量に発症したことがありました。その地方の住人の多くは相当量の強いお酒を飲んでいました。しかし、ソ連邦が崩壊するまでは、依存症はそんなに目立った存在ではありませんでした。彼らは、仕事が終われば飲んで陽気に踊って、豊かではありませんが、楽しい生活を送っていたのです。ところがソ連邦が崩壊し、政治形態が変化し、経済格差が住民の間に生じてきました。生活の変化や失職など、人生設計に支障をきたした人が出現しました。みんないっしょの共同作業が終わり、みんなが集まってお酒と踊りを楽しむような雰囲気が地域社会から消えていったのです。それまでの強いお酒を飲む習慣は簡単には変えられませんし、身体が要求します。多くの人が苦しいお酒、にがいお酒を飲むようになったのです。こうなるとアルコールは、精神と身体に重苦しくのしかかってきます。楽しいことは満足を与えます。これに対して、苦しいことはそれを克服しないと終わりがありません。苦しくて、にがいお酒は、ますます苦の種を育てます。アルコールがアルコールを呼ぶようになりました。これでは彼らが、依存症になったのも当然だといえるでしょう。

慢性アルコール中毒の場合だけでなく、急性アルコール中毒も、苦しいお酒でしか起こりません。毎年新入生の歓迎コンパで急性アルコール中毒が起こっています。なかにはこれで命を落とす学生さえ現れます。急性アルコール中毒は、新入生が楽しみながら自分のペースで飲んでいる間は起こりません。一気飲みのように、まわりや先輩から強要され、自分も興奮して飲んだときがこわいのです。楽しいお酒が苦しいお酒に変わったときから、急性アルコール中毒の危険性が生じるのです。

プロカウンセラーが関わる相談者は、心が敏感な人が大部分です。ストレスに対する反応も敏感です。

私のクライエントが、あるとき急性アルコール中毒になりました。彼は深酒をする人ではありません。不眠症の傾向がありますので、毎晩ナイトキャップとして、水割りを三杯飲みますが、飲みすぎることはありません。飲酒に関しては、強迫的なほど量を守っている人でした。そんな彼が、急性アルコール中毒になって入院したのです。幸い処置が早かったので命は助かりました。

彼はどうしてそのような事態になったのかを、話してくれました。いつものように寝ようとして、これもいつものように定量のナイトキャップを始めたそうです。最後の一杯を飲んでいる最中に電話が入りました。電話の内容は、そのときの彼にはどうにもできないような無理難題でした。電話相手の話を、なかば腹を立て、なかば解決方法を模索しながら聞いていたのです。その間、知らず知らずのうちに、ボトルに手を伸ばして飲みつづけたようで、気がついたときはボトルが空《から》になっていたそうです。受話器を置いたとたんに苦しくなりましたが、幸い救急車を呼ぶ電話がかけられたので助かりました。

この場合、彼はいつもの生活パターンで、その日の疲れからも開放され、リラックスして寝ようと思っていたときに、強度のストレスを感じさせる電話を受け取ったのです。適当に断われる電話であれば、彼は急性アルコール中毒にはならなかったでしょう。電話を切って、残りのお酒を飲んで、いつものように朝まで寝られたはずです。電話の内容が楽しいものであったら、自然とボトルに手を出し、知らない間に一本あけてしまうような飲み方をしなくてよかったと思います。もしかしたら、楽しいのでもう二～三杯飲んだかもしれませんが。しかし、それで急性アルコール中毒になることはありません。

私のクライエントは電話を聞いているうちに、話の内容でだんだんストレスを増していき、知らない間にお酒に手がいってしまったのです。彼は電話によるストレスから逃れたかったのでしょう。だから、無意識のうちに多量の飲酒を短時間にしてしまったのです。

お酒はもちろんですが、勝負ごとも、楽しい間はそれにのめりこんで、人生を台なしにすることはありません。賭けごとはエネルギーを高めます。遊びのなかに「めまい」が含まれています。

関西地方で古くから子どもがよくしている「マイマイコンコン」は、ぐるぐる回ってめまいを引き起こす遊びです。この「マイマイコンコン」は、本当のめまいでくらくらさせる遊びですが、これとはまた異なる、心理的めまいを起こさせるような遊び、すなわち賭けごともすたれません。めまいはいやな症状ですが、自分がコントロールできる適度のめまいは、興奮とエネルギーの活性化をもたらします。

子どもは、度のすぎた「マイマイコンコン」をふつうはしません。しかし、歓迎コンパの一気飲みのようにまわりがはやしたてますと、遊びの度を超えてぐるぐる回り、気分が悪くなる子どもも出てきます。楽しみが苦しみに変わっても「マイマイコンコン」をした結果です。子どもはこれによって、自己コントロールを学びます。

賭けごとも、自己コントロールができている間は、じつに楽しいものです。賭けごとはエネルギーを湧出させます。運命への挑戦という象徴的意味をもっています。しかし、賭けごとにコントロールされるようになると、苦しみになります。苦しみから逃れるために賭けごとにのめりこむと、いっそう苦しみにはまっていきます。それが依存症の症状です。ドストエフスキーの私小説といわれている『賭博者』には、ルーレット賭博の依存症になっていく過程が見事に描かれています。

依存症になる背景には、その人の実生活が色濃く反映されます。現実が充実しているときは、依存症にはなりません。生活に倦《う》んでいるとき、夢がなくなっているとき、人間関係がうまくいっていないとき、孤独で支えてくれる人がないときなどは、依存症になることが多くなります。

アルコール依存症より、もっとすさまじいものが薬物依存症です。アルコールは合法的な物質ですが、薬物は違法です。若者が薬物に手を染めるケースが増加しているのは、今の日本に孤独で夢をもてない若者がふえていることの証拠です。これは歴史を検証するとわかります。ヒロポンが流行したのは、敗戦後、日本人のアイデンティティがゆらいだときでした。愚かな政策や外国からの侵略が関わったときは、依存症者が激増します。ソ連邦の崩壊に関してはすでに述べました。アメリカの禁酒法やイギリスの阿片《あへん》政策なども、そうした社会情勢が背後にありました。

現代では、小学生にまで薬物依存症が及んでいます。また子どもへの虐待が頻繁《ひんぱん》に起こるようになっています。アイデンティティの確立や希望の創出、子育て支援が急務のように思います。それにつけても、お酒は百薬の長として楽しく飲みたいものです。

14 ロマンの素は子ども的心

ロマンは、空想的、小説的、恋愛的であり、現実的なことの対極にあります。現実はきびしいことも多いので、空想の世界に遊びたい心理は、誰もがもつものです。子どもにとってロマンは、ある意味では現実です。子どもはイメージの世界で生きており、心で感じていることが現実なのです。子どもが純粋だといわれるのも、心と現実が一致していて、感じたまま生きているからです。

このため、子どもにとって現実が過酷なとき、子どもの心も過酷になってしまいます。子どもは現実の過酷さをなんとかして空想の世界で取り戻そうとします。映画『禁じられた遊び』は、その例のひとつです。それができないとき、子どもは神経症になるか、死んだような目をした無表情な生き物になってしまいます。子どもらしい生き生きと輝くような瞳がうつろになってしまうのです。

子どもから大人になる過程とは、現実と空想の区別がついていくことです。お父さんはスーパーマンより強いと思っていたのが、そうでないことに気づきます。スーパーマンも現実にはいないのだと、わかるようになります。サンタクロースが本当にいると思っているときは夢があるのですが、サンタクロースが〝お話〟であり、プレゼントは両親が用意していたことに気づくとき、子どもは大人への一歩を踏み出すのです。

サンタクロースがお話だと気づいたとき、子どもたちは大人になった得意な気持ちと、さびしさとを味わいます。得意な気持ちのほうは、サンタクロースをまだ信じている友人に、それがお話なのだとばらすときの子どもの得意な表情から読み取れます。それ以後も、クリスマスには両親からプレゼントが贈られますが、サンタクロースの贈り物を早朝の靴下に発見したような感激はありません。

大人になってロマンがなくなり、あまりにも現実的になりますと、やがて気持ちが索漠としてきます。それをカバーするためにますます仕事に励みますと、ワーカホリックになります。こういう状態のときに仕事につまずくと、一挙に生きる意味まで喪失し、自暴自棄になったり、うつ状態になったりします。仕事中毒の人は、ロマンがもてなくなりますので、ロマンスは生まれません。仕事につまずいても、そこから立ち直りロマンが回復すると、人間性が深まり、心豊かな人間関係がもてるようになります。

もし自信喪失からうつ状態に陥っても、恋愛をするとうつ状態は回復します。前にも述べましたが、ロマンス（恋愛）はうつ病の特効薬です。うつ状態のときに恋愛する気はなかなか起きませんが、もしうつ状態で入院している人が院内恋愛をしますと、うつ状態は嘘のように消えます。ただ、院内は現実世界から離れたところなので、現実の社会に戻ると恋愛は破綻し、またうつ状態に戻ってしまう人が大部分ですけれど。

ロマンの世界は、現実世界ではありません。現実世界から離れたときに、ロマンが生まれるのです。たとえば旅行がそうです。旅行で出会った人とは、日常とはひと味違った人間的なつき合いができます。旅はロマンを高めます。無垢《むく》な心を回復させます。旅で知り合った人々と、人情味ある体験をした人は多いと思います。テレビ番組の「世界ウルルン滞在記」は、民族や文化を超えた豊かな人間性を伝えていますが、これは短期の旅行者としての体験だからです。現実にそこに住みますと、人間関係も現実のものに変わります。現実では「ウルルン」ばかりしていられないからです。

非現実世界はロマンの世界ですから、そこでロマンにはまりこんでも危険はありません。

夢でいくら激しい恋をしても、英雄になって戦いをしても、夢のなかですから安全です。

夢よりもう少し現実に近づくと、ゲームの世界になります。遊びの世界です。現実の世界で殴り合えば、傷を与えたほうは傷害罪になります。しかしボクシングの試合では、ルールに従っている限り、たとえ相手が死亡しても、殺人罪や障害致死罪には問われません。プロ野球を観戦していて、ファウルボールやホームランのボールに当たってけがをしても、野球選手や球団に責任を求めることはできません。ボールを避ける責任は観客にあるからです。そうでないと、選手は思い切りゲームができませんので。ゲームという非現実の世界では、現実の規則が適用されないのです。

ゲームよりもう少し現実的な非現実が祭りです。泉州には、町内会のだんじりを競い合わせる喧嘩祭りがありました。岸和田市の喧嘩祭りは全国的にも有名です。「…ありました」と、過去形で書いたのは、今の喧嘩祭りは、過去のそれと比べると、現実的になってしまったからです。昔の喧嘩祭りは、毎年何人かの死者が出ました。祭りで死んだ人は密葬されるだけで、いわゆる葬式は行なわれませんでした。祭りが最高の葬式だからです。だんじりを曳く歌（掛け声）は、ここに書けないような卑猥な内容でした。子どもたちが大声でそれを叫びながらだんじりを曳くのです。喧嘩（ぶつかり合い）が始まりそうになると、笛が鳴ります。この笛は子どもにとっておやつタイムで、子どもはだんじりから離れて、お菓子の接待所に集まります。子どもの安全を考えた知恵です。

子どもがだんじりのまわりからいなくなったあとで、喧嘩が始まります。喧嘩といっても最初は、だんじりの上で踊りを披露し、自分たちの士気を鼓舞するのです。それからだんじりの飾り彫刻の獅子の目玉を取ると勝ちとか、相手のだんじりの屋根に登って制覇すると勝ちとか、定められていました。それは激しい戦いです。素手ならなんでもありという棒倒し競技を、酒が入った若者が行なうところを想像していただけば、この喧嘩祭りのイメージに近いかもしれません。

祭りはどこか無礼講のところがあります。スペインの牛追い祭りも、毎年死者やけが人が出ます。それでも伝統のやり方で行なわれています。死者やけが人が出るのはいいことではありませんが、それを現実的に規制しますと、祭りが伝統的にもっていた意味があせるのも事実です。ひと昔前の神戸祭りや、今は仙台の七夕祭りなどに、暴走族や暴れる若者が出没します。自然発生的な必然性をもった地元の祭りが、観光客のための祭りになってしまった現在では、危険防止や観光を楽しむための現実的な危機対応が必要です。ただ、神への感謝と無礼講という祭り本来の意味は確実に失われていっています。無法な若者の行為に象徴される祭りの意味を検討し、今の祭りにそれを統合する企画が必要だと思います。

現実と非現実が混在するところに生じるのが恋愛です。恋愛に関わる悩みや問題は、洋の東西や時代にかかわらず、絶えず悩みの上位にランクされています。恋愛は非現実の感情、結婚は現実の営み、と一般的にいわれます。恋愛にも現実は作用します。結婚生活にもロマンや恋愛感情は必要です。バランスが必要なのですが、バランス感覚というのは現実感覚がベースにあります。バランス感覚を意識しますと、ロマンがなくなります。

恋には季節があります。人間の恋の季節は、動物の発情期とは少し異なって、発達の段階に関連しています。恋愛感情が起こりやすい時期は、性の区別がついてくる子ども時代、性腺が発達してくる思春期、社会的に結婚が認められてくる適齢期、現実に飽いてくる中年期、子どもに返る老人期です。

いずれの時代でも、恋は現実世界での非現実な感情です。子ども時代のいわゆる初恋は、非現実な世界の非現実な感情そのままですので、いちばん純粋です。いくら年をとっても初恋の思い出が心地よいのは、それが純粋だからです。やがて子どもの世界に現実が入ってきますと、純粋性が失われてきます。結婚を主に考えるようになりますと、恋に打算が入ってきます。打算という言葉はいやな響きをもっていますが、言葉を変えますと現実吟味があるということにもなります。現実吟味のない結婚は、早晩破綻します。早すぎる結婚が破綻しやすいのは、現実吟味力の不足があるからです。

最近は、恋をして、子どもを産み、離婚して、親に育てさせる若者が増えています。親に子どもを育てさせ、彼らはまた恋をし、子どもを作り…と同じことをくり返します。彼らと接していますと、わが子のことが視野に入らないほど、彼ら自身が幼いのだとわかります。乳幼児虐待や子殺しもこの延長です。人格の発達が未熟で、現実吟味力に乏しい彼らの恋愛は、その過程では純粋ですが、純粋すぎますと、現実が関わったとき破綻するのです。

ロマンがないと人間は生きていけません。ロマン過剰でも生きていけません。文明がいくら進歩しても、恋の病と悩みはつきません。あなたのロマンは人生でどのような位置を占めていますか。

15 わからないことは、意味をもとから考える

わからないことや理解できないことが生じると、近代人はそれが生じる原因をさがし求めます。近代科学は因果論、原因結果で成り立っているからです。古代人は、それを神仏や魑《ち》魅魍魎《みもうりょう》、超自然のせいだと考えました。物理的現象や化学的現象は、近代科学で説明できます。たとえ現在の科学では説明できないことでも、やがて説明可能となることが予測できます。

しかし、心理的現象は因果律では説明できません。説明できないことはないと主張する人もありますが、その説明は心から納得できるものではないことが多いようです。心理学の学説は、あくまで仮説です。心のデータはくり返せないからです。追実験をしても、実験対象である人が異なります。いくら統制条件をきびしくしても、同じ人間を対象とするわけでは

ありませんし、質問する人（実験する側）が異なると、反応も微妙に違います。また同じ人に再実験すると、前の実験がなんらかの影響を与えます。心理実験は、厳密にいえば一回限りなのです。物理、化学のように、対象が無生物の場合と、人間相手の場合とでは、法則の適用が異なります。人間の心は実験がいちばん困難であり、実験に向かない対象です。心は心でしかわからないからです。

一般に普及している性格分類に、血液と性格の関係があります。「A型の人は几帳面で…」というあれです。ていねいにも血液型別に有名人を並べて、その共通性を指摘したものまであります。しかし、厳密な手法で心理学実験をしますと、性格と血液型とは無関係である、というデータしか出てきません。学問的には血液と性格は無関係なのです。それでも血液型別に性格の特徴を出されますと、自分の性格に照らし合わせて、当たっているような気がしませんか。これは一種の暗示と選択の効果です。

たとえば、同じ強さの音をいくつか同時にたてたとすると、機械ならどの音にも同じように反応し録音しますが、人間は機械と違って自分の必要なものだけを選択して聞いたり記憶したりするようにできています。音を聞く前に、少し暗示（予備知識）を入れておきますと、その影響が顕著に現れます。

精神医学の本を読みますと、神経症の項では自分は神経症ではないかと思いますし、うつ病のところを読むと自分はうつではないかと思い、統合失調症のところを読むと自分はその傾向があるのではないかと思います。そのことを精神科医に訴えますと、おそらくまったく違うと診断されると思います。

なぜこのようになるかといいますと、本に載っている症状の自分に似ているところだけを選択的に選んでいるからです。専門家は鑑別診断として、それとは違う点も見ています。似ている点と異なる点を両者とも客観的に取り出して、総合的に診断するからです。

精神科診断や心理診断に、統計的診断基準が不必要だというのではありません。DSM-Ⅳという世界的に通用している診断基準があることは前に述べました。神戸の殺人少年Aは「行為障害」と診断されています。これはDSM-Ⅳによる診断です。みなさんはこれでA少年のことがわかりますか。心の領域の専門家なら、これで共通のイメージがもてるのですが。この診断基準は精神科のチーム医療のために、共通イメージが必要だったことから生まれたものです。

しかし、心理療法の専門家は、診断基準を参考にはしますが、実際のカウンセリングには使いません。使えないといったほうがいいでしょう。なぜなら、診断基準は統計から生まれたもので、多数の症例から共通点を選びだして、統計処理して作られているからです。心理療法は、個人の理解をベースにしていますので、DSM-Ⅳの一般的基準で理解されたとしても、本人はどこか違和感があるからです。心理療法はすべてオーダーメードなのです。

少し話がそれました。一般的な基準で判断されると、判断された当人ならば血液型性格判断のように「そのようなものか」と鵜呑《うの》みにしてしまうか、あるいはDSM-Ⅳの判定の「行為障害」ように、自分のこととして納得できない場合があるということを言いたかったのです。違和感は、一般基準を自分に当てはめられたときに感じるのです。自分の行為が社会的に認められないときです。たとえば、あなたの子どもが不登校になったとき、「親が甘やかすからだ」とか「親が勉強を強いて子どもを認めないからだ」「親の愛情が薄いからだ」と言われて「そうですね」と納得はできません。これがよそごとだったり、自分の知人が、子どもに過保護・過干渉だとか、逆にきびしすぎだとあなたが感じていたとしたら、すぐに納得してしまいます。

心の問題は、原因と結果が直に対応していることはまれです。そのうえ、原因がわかったとしても、そう簡単に解決できるものではありません。あなたがきびしすぎる（あるいは優柔不断すぎる）から人間関係がうまくいかないとして、それがわかったからといって、あなたはすぐに優しく（あるいは決断できるようには）なれないでしょう。電気器具の接触が悪いからそれを直すようには、人間の心はできていないのです。

人格や人間性の原因を指摘され、それを改めるように言われても、簡単にはできません。それどころか、それを指摘した人をうらみます。なぜなら、自分を理解してくれないと感じるからです。プロカウンセラーは、悩みの原因がクライエントの人格や人間性の欠点だとしても、それを指摘しません。指摘しても、クライエントの役に立たないばかりか、無理解だと感じさせるだけですから。

それに、心の問題の原因はそれほど単純ではないからです。たとえ原因を単純化できたとしても、人格の未熟さ、人間の器の小ささ、解決能力の不足、社会性の不足…といったことになるでしょう。これらの原因は、悩んだときには誰にでも当てはまるものです。しかし誰にでも当てはまるのですが、人格の未熟さひとつを取ってみても、これを解決するのはなかなかむずかしいでしょう。原因がわかったとしてもあなたの役に立つでしょうか。

プロカウンセラーは原因を指摘せずに何をすると思いますか。心の病や悩みは、原因ではなくて、その意味を考えることに意義があります。プロカウンセラーはクライエントといっしょに、心の病や悩みがもたらした意味を考えるのです。たとえば、いい子だった子どもが急に問題児になったとしましょう。「どうしてあんなにいい子だったのに、こんな子になったのか」と原因を求めないのです。「あんなにいい子だったから、こんな子になったのでは」と、今まで「いい子だった」ことが、家族や子ども自身に与えていた意味を考えるのです。

どうして不登校になったのかと原因を考えるのではなく、今、子どもが不登校になっていることがもたらす、今日的意味を考えるのです。不登校が、子ども自身、クライエント、配偶者や家にもたらしている意味です。このとき重要なことは、否定的な意味だけでなく、肯定的な意味も考えるということです。

子どもの不登校は、親にとってエネルギーを使うことです。「子どもが問題を起こさなかったら、もっと私は仕事に専念できるのに」などと否定的な意味を考えるだけでなく、「子どもにエネルギーを使うということは、子どもへの関係を今までより密にする。仕事より子どものほうにエネルギーを向ける必要がある」と、肯定的な意味を考えるのです。意味を考えますと、必ずといっていいほど、当人のみでなく、自分や家族にとって肯定的な意味が見つかります。肯定的な意味が見つかりますと、今まではエネルギーを取られると感じていたことが、積極的にエネルギーを使うことだと思えるようになります。

これは心のエネルギーの平和利用です。今まで破壊的に作用していた心のエネルギーが平和利用されるようになるのです。このとき使わなければならないエネルギーが大きいほど悩みは深いわけで、コントロールするのは大変ですが、いったんコントロールできますと、平和利用できるエネルギーも膨大ですので、当人の子ども、あなたや家族は建設的な方向へ強く歩み出すことができます。

原因を考えますと、悩みが深いときほど、自分以外の誰かの責任にしたくなります。人の責任にしていたのでは、問題が解決しないばかりでなく、まわりから見放され、ますます孤立し、解決から遠ざかるだけです。あなたも人のせいにばかりする人は嫌いでしょう。

16 他人の気になる欠点は、自分の潜在的欠点

他人の欠点は自分の欠点に比べて格段によくわかるものです。他人の欠点には二種類あります。放っておけるものと、放っておけないもの——、他人のことであり別に自分と関係ないと放っておける欠点と、他人のことなのに気になってしかたがなく、どうしても矯正したくなる欠点です。どうして他人の欠点なのに放っておけないのでしょう。それは、他人の欠点が、自分の欠点やコンプレックスと関係しているからです。自分と関係させないでおくと、他人の欠点は気になりません。それが直接こちらに被害を及ぼさない限りは。

簡単な例をあげましょう。

ある人の貧乏ゆすりがひどいとします。その人と関係がなければ放っておけます。しかし、その人があなたと同じベンチに座っていて、小刻みな振動が伝わってきて、それがあなたを

イライラさせるようだと、これはあなたと関係しているといえます。

貧乏ゆすりという些細なことが、けっこう人格に響くのです。気にさわるのです。だいじなことが気にさわるのなら納得もいきますが、些細なことだけに、ある意味では始末が悪いといえます。なぜなら、貧乏ゆすりは心に関わっている行動だからです。

もしあなたが他人の貧乏ゆすりを止めたいのなら、相手が他人であればあるほど止めるのも簡単です。その人の心に同じような影響を与えればいいからです。些細な行動ですが、心と心の勝負をするわけです。

人が貧乏ゆすりをしだしたら、あなたもその人の振動周期に合わせて貧乏ゆすりをしてください。その人があなたの貧乏ゆすりによって、自分が貧乏ゆすりをしていることに気づけば、じきに止めます。止められない人は席を替わります。私自身、何度も実験しましたが、結果はいつも同じで、相手は貧乏ゆすりを止めるか、憮然としたり押し殺したような素知らぬ態度で席を立つかのどちらかでした。

逆もまた真なりです。あなたに貧乏ゆすりのくせがあり、他人の前では止めようと一生懸命努力しているときに、隣の人が貧乏ゆすりを始めたら、気になってしかたなくなります。もしそれが講演会場でのことなら、あなたはおそらく講演が耳に入らなくなるほどでしょう。

この場合もその人といっしょに貧乏ゆすりを始めれば、相手の貧乏ゆすりは止まります。逆にあなたが必死で自分はゆすらないでおこうと押さえていると、隣の貧乏ゆすりは止まらないし、あなたのほうが席を立つことになってしまいます。

気になる欠点というのは、自分の心のなかの何かと呼応しているのです。同時にあなたの心のことは、気になる他人の心の一部と対応しているのです。

子どもや配偶者のようにごく近い関係では、これも不思議なことですが、気になるのは長所より欠点のほうです。身近な人の欠点は自分の心をゆらすからです。どうしてゆらすかといいますと、身内の欠点はあたかも自分のもののように感じるからです。他人の欠点のように自他の区別がつけにくいのです。あなたが家族から指摘される行動の大部分は、くせになっているような変な行動や、性格的な欠点です。

家庭で欠点を指摘される度合いと、長所を称賛される度合いとでは、比較にならないほど前者が多いはずです。家族間においては、欠点指摘度数と長所称賛度数の比率が、その家族の否定指数と肯定指数になります。欠点指摘が長所称賛の一〇倍あれば、あなたの家族の否定指数は一〇となります。あなたの家庭では、家族がお互いを肯定するより、一〇倍も否定的に見ていることになります。お互いがお互いを否定的にしか見ないとすると、家族の雰囲気はどこか否定的になっています。

家族研究によりますと、母親が子どもに対して、父親のことを肯定的に話しているとき、子どもは父親を尊敬しています。逆に、父親のことを否定的に伝えていると、子どもは父親を尊敬しなくなるのです。また、母親が父親に子どものことを否定的に伝えていますと、父親は子どもを否定的に見て、可愛いがらなくなります。子どもの悪いところばかり聞かされると、昼間仕事に出ている父親は、子どもを肯定的に見ることができなくなるからです。

父親は、子どもを否定的に見るほか、「お前の育て方が悪い」と、妻に否定的になることもあります。もし妻が、「お前の子どもの育て方が悪い」と夫に言われたならば、自分が否定的な情報ばかり夫に流していないか点検してみてください。

父親から否定的に思われている子どもが、父親を尊敬することはありません。親子関係・夫婦関係が悪くなる方向への悪循環が始まります。

家族にとって、否定的にお互いを見ることは悲劇です。否定的家族のなかで育った人は、職場や集団でも、否定的見方で周囲を見がちになります。こうした人が多くなれば、職場や属している集団は否定的指数が高くなります。否定的な集団は、集団の凝集性（まとまり）

が悪くなり、一丸となって物事を行なうことができなくなります。集団でひとりだけが否定的な見方をしているならば、その人はみんなから相手にされず、ついには集団から放出されてしまいます。

ただし集団が、ひとりの否定的態度を受け入れられるほどに肯定的であれば、その否定的な人も集団のなかでなら肯定的な見方ができるようになり、それが持続すると、否定的な見方から肯定的な見方ができる人間に生まれ変われます。チームが一丸となっているときは、そのチームのメンバー個々の欠点は隠れるのと同じです。スポーツでも教育でも、人を育てようとするなら、欠点を指摘し矯正させるより、長所を称賛して伸ばすほうがよいという原理は、心理学的に見て理にかなっています。

集団において、ひとりの否定的な見方が全体に波及するときは、メンバーのほとんどで同じような否定的見方が優位になっているのです。悪口が蔓延している集団は、他の健全な集団から見ると、どのメンバーも五十歩百歩で、みんな同じような否定的見方で互いを見ていると感じられています。その延長線には、集団そのものに対しての否定的見方があります。このようになれば、この集団は人を育てられるような機能をもたなくなります。

同じように、自分の家庭を家族が否定的に見ていると、家庭は家族の心を育てられなくなります。家族の心が育つ基盤がないからです。家族がこのような状態に陥ったら、解決方法は二つしかありません。

ひとつは、有能なプロカウンセラーによるカウンセリングを受けることです。プロカウンセラーの重要な要件に、「クライエントを無条件に、肯定的に理解する」という項目があります。プロカウンセラーからカウンセリングを受けると、人間関係がよくなるのは、カウンセラーがクライエントである人を肯定的に見てくれるからです。たとえ否定的なことが起こっていても、プロカウンセラーはその意味を考える手伝いをしてくれますので、自分の行動の意味がわかります。意味がわかると、同じ行為に対しても見方が否定的なものから肯定的なものに変わるのです。

もうひとつの解決法は、自分で物事を肯定的に見る訓練をすることです。何事もすべてよい、すべて悪いということはありません。物事は悪いこととよいことが五分五分だと思えるようになると、家族や家庭の見方も変わってくるでしょう。

人格が飛躍的に向上するきっかけは、三つあるといわれています。浪人すること、死線を超えること、破廉恥罪《はれんちざい》以外で刑務所に入ることです。いずれも最悪の状態です。この最悪な条件が人間の心を鍛えるのです。

もちろん、このような状態でそのまま奈落の底まで行く場合もありますが、奈落の底へ落ちるか、人格の飛躍的向上につながるかの差は、その人にサポーターがいるかいないかにかかってきます。サポーターは、自分がサポートしたい人を、状況がどれほど最悪であろうとも、逆境にあればあるほどサポートしてくれます。阪神タイガースが優勝に近づくにつれてファンがふえたことがありましたが、たとえ最下位が何年つづいてもファンでありつづけている人が、本当のサポーターではないでしょうか。

最悪の事態でも、あなたをサポートしてくれる人が存在するためには、日ごろのつきあいが大切です。日ごろの関係を大切にしたいものです。

17 儲け話は人にはしないもの

ペーパー商法や詐欺（商法）があとを絶ちません。一度詐欺商法の被害にあった被害者の名簿が高く売れるそうです。一度だまされた体験から、だまされない知恵を獲得する人もいるでしょうが、実際は何度も何度もだまされる人が多いということです。だまされる人には、だまされやすい特性があるのです。ひとつは、現実吟味力が乏しいか、できにくいのです。現実吟味力とは、現実としてそのようなことがあるかどうかを検討する力です。

だまされる人は相手の言うことを自分流に解釈して、勝手に夢をふくらませてしまいます。年率五割の利息がつくと言われれば、「一〇〇万円だと一年で五割の利子がつくとして、五〇万円も手に入る。そうすれば長年ほしかったあれが手に入る」などと思ってしまうのです。もし、定期預金の年率が〇・二パーセントのときに、五割の利子がつく投資先があれば、銀行が目をつけないはずはありません。五割の利子をつけてまだ利益があるというのなら、このようなすごい儲け話を他人にすすめずに、自分が投資するでしょう。そのほうが、手間をかけずに儲けられるではありませんか。

「儲け話は他人にはしないもの」です。大きな発明・発見も確定するまでは、人には話しません。新車も新商品も、発売までは秘密です。他人に真似をされたり、先を越されると利益が得られないからです。とくに儲かる商売は、人には話さないのが世の常です。

ずいぶん昔になりましたが、豊田商事という金のペーパー商法の会社がありました。電話の無作為抽出なのでしょうか、そこのセールスマンから私に電話がかかってきました。ふだんは断るのですが、そのときはなぜか話を聞くことにしました。（こういうときが「魔のとき」なのです。）

セールスマンは金への投資がいかに儲かるかを話しました。話を聞いているうちに、冷静になり、「儲け話は他人にはしない」の格言が浮かんできました。私は「それは絶対儲かりますか」と念を入れました。セールスマンは「絶対儲かる」と力説しました。そのやりとりをくり返したのち、私はセールスマンに言い放ちました。

「そんなに儲かるのなら、このように時間をかけてセールスなどせずに、ご自分が買えばいいじゃありませんか。そして、それで儲かったら――、ああ絶対儲かるのですよね、それなら助言した私にコミッションをくださいね」と。

彼はすぐに電話を切りました。その後、そのセールスマンから電話がかかってくることは二度とありませんでした。

近代資本主義になって「人間万事金の世の中」といわれるくらい、お金に対する執着やお金への崇拝が生じてきました。お金がないと夢がもてないと思う人も多くなりました。お金がなくても夢はもてます。そのうえ、夢は実現しないときにこそ、存在できるのです。実現しますと、もはやそれは夢ではなくなり、次の夢をもつ必要が出てきます。

「別荘と車と愛人は、もったときから次を追いかける」という言葉があります。別荘は夢の段階のほうがより別荘的らしいのです。現実に別荘をもちますと、維持費やら管理やら現実のわずらわしいことがついてきます。ホテルや旅館なら、そこに着けばあとは宿のサービスにまかせればいいのですが、別荘だと掃除や布団干しから始めなければなりません。それも、お金さえあれば管理会社や清掃会社にまかせられますが、まかせればまかせるほど、実態はホテルと変わらなくなります。残る違いは、所有している満足感と他人が使わない自分だけのものという占有感です。もっとも、人間にとっては、これもだいじなものですので、別荘や宝石や骨董などが高値で売れるのでしょう。骨董も見るだけなら、博物館のほうが充実しているわけですから。現実と離れて楽しむのが「夢を楽しむ」いちばんの方法ですが、純粋に夢だけでは人間は楽しめなくなったり、満足しなくなるものです。

詐欺商法に引っかかる心性は、素人だけではありません。自分中心にイメージをふくらませますと、専門家ですら引っかかります。一〇年前にバブル経済期がありましたが、これでいちばん損をしたのが、金融のプロである銀行です。知識があって、情報が豊富で、固くて冷静なはずの銀行が、つぶれるほどの損をしたのです。一〇年たった今でも後遺症を引きずっています。バブル経済は経済法則を無視して、土地神話を作りあげました。土地神話は土地価格の上昇に関して、勝手なイメージを国民的レベルでふくらませてしまったのです。神話といわれるように、それは現実感覚に根ざしたものではありませんでした。

売り買いは、売り手と買い手の思いの一致で成立します。売り手と買い手の思いは、正反対です。反対なのに、ある点で一致を見るのは、両者の抱く思いによるのです。経済法則を単純に当てはめると、物の値打ちはある程度計算できます。しかし、このバブル期の土地のように、常識以上に値打ちがあるようにイメージしてしまいますと、法外な値段がつくようになります。それは、物の値段で決まるのではなく、心のレベル、欲しい度合い、欲望のレベルで値段が決まるのです。

自分のイメージで実行することで、今いちばん流行していることのひとつに、ダイエットがあります。ダイエットの原理はいたってシンプルです。

〈摂取するエネルギー〉－〈消費するエネルギー〉＝A。

この式のAがプラスになると太り、マイナスになるとやせます。電車などで、肥満している人を観察してみるとすぐにわかりますが、太っている人は何かを食べていることが多いのです。ダイエットは、原理はきわめて簡単ですが、実行はむずかしいものです。食べすぎる人は、原理がわかっていても食べすぎます。人間は習慣に対して保守的であり、習慣を変えることが困難です。

ダイエットのうたい文句は「簡単にやせられる」です。原理は簡単ですので、実行できれば、どのような方法をとっても簡単です。でも、継続できません。習慣を意識して無理に変えようとしますと、ストレスがたまります。ストレスがある程度以上たまりますと、もとの習慣に戻そうと、心が自発的に働きます。元の木阿弥となるのです。振り子は、振れた反動で反対に振れる特徴があり、リバウンドはこの原理で起こるのです。ダイエットは失敗者が多いので、次から次へと新方式が発表されます。いい方法があるのなら、方法は固定します。それでもついつい新しいダイエット法を試したくなりますよね。それは集団の力を利用しているからです。

思いのインフレーション（イメージの膨張）が集団レベルで起こると、熱狂状態やバブル状態が出てきます。ダイエットでもインフレーションが起こっている女性の集団は、ほかの集団ならメンバーが冷静に判断できるようなことができなくなり、異常なほどにやせることにこだわります。メンバーのなかには、自分たちはおかしいと思う人がいても、集団を抜けて冷静にならない限り、集団に対する歯止めとなりません。

土地バブルのときも、土地に関心がなく、お金もない人々は、誰ひとり損をしていません。あまりにも熱心に売ってくれと言われて、その気はなかったのに、利用していない土地を高い値段がついたので売ったというような人が、いちばんお金を得た人です。このような人のなかでも、それに味をしめて、その後売ったお金を土地に投資した人は損をしています。土地神話の仲間になったからです。

人間は個人レベルの判断では冷静でいるのに、集団の熱気と判断によって、自分の判断がおかしくなるという特徴があります。心は暗示に弱い面があります。暗示はある種の雰囲気があるところで、いっそう有効になります。詐欺商法のなかに、ただで商品を配って人を集め、集まったところで、目的の商品を法外な値段で売る催眠商法があります。これも被害者にあとから状況を聞いてみますと、そのときの集団の雰囲気で買わされたことがわかります。新興宗教による大量無差別殺人や集団自殺も、このような集団の雰囲気で起こってきます。侵略戦争もそうです。

　このように見てきますと、集団の雰囲気や暗示力はマイナスばかりに見えます。なにごともよいことばかりも、悪いことばかりもありません。オリンピック選手への国をあげての応援や贔屓《ひいき》チームへの応援は、集団の力です。応援が選手をどれほど勇気づけるかは、選手のインタビューを聞けばわかります。みんなで燃えることがないと、人生は無味乾燥かもしれません。夢があるから生きていけるのも人間です。

　それでも詐欺に引っかかったり、知らない間に理不尽なことに巻きこまれるのはいやですから、ときどき原理を思い浮かべてください。「儲け話は他人にはしない」と。

18

「男心は男でなけりゃ」「女心は女でなけりゃ」

『声に出して味わう日本の名短歌100選』（佐々木幸綱監修）の目次を見ますと、興味深いことに恋のテーマのところだけ「男の恋」と「女の恋」に分けてあります。男の恋歌は男性が、女の恋歌は女性が詠み人であるのは当然です。しかし、短歌の定番のテーマである「季節」「旅」「命」「海・山」「家族・友人」「国・政治」「酒」「青春・老」は、男女が区別されていません。ただ「国・政治」と「酒」の詠み人は、男性だけが選ばれてはいますが。女性は「国・政治」と「酒」のテーマには、男性ほど関心がないのでしょう。これも男女の違いかもしれません。もっともこれも、最近では異なってきているかもしれません。でも恋は、時代を超えて男女とも関心のあるテーマです。そこに区別があるのは、男女の心性が異なっている証拠だと思います。

女の恋歌のなかで、俵万智さんの〈「この味がいいね」と君が言ったから七月六日はサラダ記念日〉や栗木京子さんの〈観覧車回れよ回れ想ひ出は君には一日我には一生〉というような女性の感性は、男性にはないと思われます。男性にもこの歌の女心は理解できますが、それは体験的に感じることができる女性とは異なっていると思います。おそらく男性には、このような歌は詠めないでしょう。これに対して、平兼盛の〈忍ぶれど色に出にけりわが恋は物や思ふと人の問うまで〉は、女性にも詠める心情ではないかと思っています。

人間は言葉でもって主要なコミュニケーションを行なう動物です。プロカウンセラーとして、男女のもつれにつきあうことがありますが、もつれの原因として、言葉のつかい方の性差があるように感じています。「男言葉」と「女言葉」があるのです。これは世間でつかわれている言葉づかい、いわゆる女らしい言葉づかい、男らしい言葉づかいとは異なります。言葉の意味するところが、男女で異なるのです。言葉づかいの性差では、誤解を招くことはありません。たとえば、「……ね」と「……だ」といった言葉づかいで、誤解を招くことはありません。しかし、夫婦間の問題や男女間の問題で、同時にお二人に会うときに、プロカウンセラーがしばしば通訳の役割をとることがあるのは、同じ言葉なのにその意味が男女で異なるからです。

たとえば「この人はひどい人です」と言った場合です。女性が男性に対してこの表現を使うときは、具体的な内容「ひどい言動」が相手に見られる場合が多いのですが、男性が言った場合はトータルで感じているのです。だから「ひどい人」と言われた男性が、女性から指摘された「ひどい点」を是正しますと、女性の見方が変わります。「ひどい人」から「いい人」や「優しい人」になることもあるのです。逆に、女性が男性に「ひどい人」と言われた場合は、指摘された点を是正しても、男性の見方は変わらないことが多々あります。女性からすれば「これだけ言うとおりに直しているのに、どうしてあなたは私を信じてくれないの」となるのでしょうが、男性の見方はトータルですので、具体的な点を直しても、なかなか見方は変わらないのです。

家庭内暴力をふるう男性と別れない女性に、なぜかを聞いてみますと、「あの人は、根は優しい人です」と答える人が多くいます。トータルで評価すると、優しいとはとても言えそうにありません。「どこが優しいのですか」と再度問いますと、女性の多くは具体的に優しいと思えたことを答えてくれますが、それらは些細な言動がほとんどです。一時的な優しい言葉かけや行為です。あえて誤解を恐れずにいいますと、母性本能をくすぐるようなことか、一時的なさびしさをまぎらわせてくれるようなことです。

女性の言葉の使い方・概念は、子どものそれと似ています。ですから、「女・子ども」とひとくくりにされることがあります。この言葉自体、女性には抵抗を感じさせるものでしょう。それはこの言葉に、女性を子どものように幼稚だと揶揄《やゆ》する雰囲気があるからです。しかし、「女・子ども」というのは、女性と子どもの言葉の使い方が似ているからです。なぜ似ているのかといいますと、女性は子どもを理解する必要があるからです。女性には、男性にはない、子どもと通じる仕掛けが遺伝子レベルで用意されています。自分の子どもと他人の子どもを泣き声で区別できるとか、新生児は匂いで自分の母親を識別できる、とかです。だから言葉づかいが似ていても、不思議ではありません。子どもの心を理解するためには、子ども言葉を理解する必要があるからです。

例をあげましょう。「2　否定の気持ちには肯定がある」（17ページ）でも例としたような、お母さんと子どもの対話です。

「お母さんなんか大嫌いだ。何もしてくれない」と、子どもが言いますが、この言葉をトータルな意味でとらえては、子どもの心は理解できません。トータルで意味をとらえるというのは、「お母さんはあなたにご飯を作ってあげたり、服を買ってあげたり、いろいろしてあげているでしょう。何もしてあげてないことはないでしょう」と、言葉そのままに意味をとることです。子どもはトータルで言っているのではなく、母親の個別の行為、それも些細な行為を言っていることが多いのです。

だから「お母さんは何かいやなことをあなたにしたのかしら」と優しく聞いてやりますと、「お母さんは、ガムを買ってきてあげると言ったのに忘れた」と、具体的なことを答えてくれます。

「それは悪かったね。いっしょに買いに行こう」と、フォローしますと、子どもの機嫌は直り、「お母さん大好き」となります。

母親がいつまでもトータルな意味で子どもの言葉をとらえようとしますと、ますます混乱を深め、ついには親子ともはじめの言葉の意味を忘れてしまって、無用なやりとりやイヤミがつづいてしまい、だんだん親子関係が悪化します。関係が悪化しますと、それが次々と連鎖反応を起こし、ふつうのやりとりさえ通用しなくなってしまいます。お互いが感情的になってしまうのです。

「どうしてあなたは、そういう言い方をするの」「どうしてお前は、そういう言い方しかできないのだ」といったように、コミュニケーションの齟齬《そご》が男女間で起こったときは、同じ言葉なのに、お互いの意味が異なっていないかを検討してください。トータルな意味把握と、個別的な意味把握の両方を検討してみてください。コミュニケーションの齟齬から人間関係が悪化する前に。

さて、言葉の意味に性差があると述べてきましたが、もうひとつ男女差があるのは、態度の性差です。一般的には男性の言葉づかいや態度は、女性から見ると荒っぽいところがあります。じつは怒っていないのに、女性から見ると怒っているように見えるのは、男性にとってどうでもいい、話題のときなのです。このようなときに、女性から「何を怒っているの」と何度も言われると、もともとは怒っていないのに、ついには本当に怒ってしまうことがあります。

これとよく似た女性の態度に「すねる」があります。男性から見て何かすねているのだと感じて「何をすねているの」と問い詰めると、女性を本当にすねさせてしまうことがあります。「すねているのではなくて、甘えているだけ」のことも多いのです。

男性は断定的に行動しがちです。女性の場合は、すねるのも関係を持続させるための手段です。「関係をよくしたいのなら、すねないで、言いたいことをハッキリわかるように言えばいいじゃないか」というのは男性の論理です。言いたいことをハッキリ言えば、男性が機嫌を悪くするのではないかと女性が感じたとき、なんとか関係を保とうとして、男性の目にはすねたように見える行動をとることがあるのです。

こうしたとき男性は、「何をすねているの」と問い詰める前に、ふだん相手の女性に言われていることで、あなたが機嫌を悪くしていると彼女が思いそうな行動を自分がしなかったかどうか、思い起こしてみてください。きっとひとつや二つは思いつくことがあるはずです。ひとつも心当たりがないのに、女性がむやみにすねることはありません。ただ男性が、自分が機嫌を悪くしていると女性に思われていることさえ、気づかないときはどうしようもありません。

男女とも相手が不可思議に感じたり、自分と異なる反応をしたときは、違う性のコミュニケーションを研究してください。それには、異性の友だちをもつことです。異性の親友をもつ心得は別の項で述べたいと思います。女の愛は受け入れること、男の愛は許すことです。

19 似た者同士はわかりやすく、異なる者同士は魅力がある

夫婦を長年つづけていると、どことなくお互いが似てきます。文字やしぐさ、味の好みから趣味まで、好悪の感覚が似てくることがあるのです。どうして似てくるかといいますと、お互いの理解が進んでくるからです。相互理解ができないと、関係は深くなりません。そして相互理解が深まりますと、お互いの行動の取り入れが起こります。知らない間に、影響されるのです。

関係は知り合うことから始まります。なんらコミュニケーションがないところに、人間関係は始まりません。どうして結婚したのですかという問いに、「初対面のときビビッときました」という答えがあります。このときの二人の「ビビッ」に二通りあります。ひとつは、相手に言葉にならないような魅力を感じることです。これを「魅力型カップル」といいます。

もうひとつは、お互いが意気投合していくことです。相手のことがスーッと理解できて、こちらの話すことが驚くほど相手に理解されるのです。これを「理解型カップル」といいます。「魅力型カップル」は、お互いの何かが異なっています。異なっているからこそ、ひかれる何かをお互いが感じるのです。これに対して「理解型カップル」は、性格や感覚、物事の把握のしかたに共通の基盤、似たところがあるのです。感じ方が似ているからスーッと理解もできるのです。

なにごとも二つよいことも悪いこともありません。これら二つのカップルは、異なる課題を結婚生活や夫婦の歴史に持ち込みます。感覚が似た者同士の「理解型カップル」は、相手を理解できるのですが、似ているために、お互いに感激するような魅力が乏しくなります。マンネリになりやすいのです。マンネリになりますと、ほかの魅力ある異性にひかれたり、誘惑される危険性があります。これを防ぐには、結婚生活に非現実な生活領域をもつことです。旅行に出る、たまにはいい雰囲気のレストランで食事をする、映画や芝居を観る、などです。お互いにとって魅力のある創造的な世界をもつことも大切です。新しい料理作り、花作りや陶芸、大工仕事などです。夫婦は共通の趣味があるとよいといわれますが、似た者夫婦の場合は、必ずしも同じ趣味にこだわらなくてもいいのです。相手が理解できますので、異なる趣味でお互いがいいなと思うことのほうが向いている場合があります。なまじ同じ趣味だと競争心が起こったりしますので。

一方「魅力型カップル」である異なる性格の夫婦は、お互いに知り得ないがゆえの魅力を互いに感じます。同時にこれは、お互いが相手を理解できにくいことを意味します。どうして私の気持ちがわからないのだろう、という気持ちが絶えず心のどこかに伏流しています。魅力は未知のところ、非現実の世界に生じます。恋愛は非現実世界のできごとですが、結婚生活は現実です。急激に相手にひかれ、電撃的に結婚し、数カ月で別れるというカップルは、根本的な何かが異なっているからです。「性格の不一致」が今も昔も離婚理由の第一位の地位を保持しているのは、魅力の領域と理解の領域の様相が異なっているからです。

すでに述べましたように、男と女は物事の理解のしかたや見方が異なっていますので、一生不可解な領域があります。こうした男女の異なっている部分が、結婚生活をつづけさせることになると同時に、「性格の不一致」を生むのです。異なる性格をもつ夫婦は不一致が極端になることがあるので、これを防ぐには、日常生活をできるだけ共にすることです。性格の異なる夫婦であるのに、お互いが忙しいと、理解するひまがありません。売れっ子のスター同士の電撃的結婚が短時間に破局を迎えるのは、性格が異なっているのに同じ生活を送る時間が少ないからです。

性格の異なる夫婦は日常生活を共にして、同じことをする時間を多くもつといいでしょう。同じ趣味をもつのもいいですし、ボーッといっしょにいる時間も大切です。相手のやり方に批判的にならず、合わせてみるのも必要です。異なっている夫婦ですので、相手のやり方が自分のそれと異なることが多く、ついつい相手に批判的になってしまいます。これではお互いに、相手は自分を理解しない、いつも反対する、いつも自分のやり方を通す、などの気持ちが集積してきます、つのってくるのです。このようになれば、魅力を通り越して、相手がいやになってきます。お互いに理解できずに暮らすのは、苦痛以外の何ものでもありません。

結婚生活は苦労が多いのですが、それでもなかなか別れないのは、男と女が異なっているからです。異なっている同士は理解するのは苦労ですが、反面魅力もあるのです。

「似た者同士はわかりやすく、異なる者同士は魅力がある」は、何も夫婦関係だけに限りません。友人関係や事業のパートナーにも当てはまります。新しい事業を起こし発展させた人には、必ずといっていいほど、なくてはならない副官（同志）がついています。共同して事業を起こした人たちは、性格に違いがあることが多いようです。社長が創造的、カリスマ的、破天荒であれば、相棒のほうは現実的で、経理や渉外や営業に優れているといったようにです。新しい事業は、人と同じ考えではできません。夢と非現実的な発想が必要です。が、こうした発想ができる性格の人は、対人関係が苦手な面があります。せっかく画期的な製品ができたとしても、営業や経理がしっかりしていなければ、事業は成功しません。逆もまた真なりです。営業の神様には、優れた製品を作り出す相棒が必要なのです。

しかし、性格の異なる人間同士は理解しにくいものです。創造的な人は現実的な同志を地道で鈍くさいと感じがちですし、現実的な人は創造的な相棒を地に足がつかず、危なくてしかたがないように感じます。異なっている人はお互いに魅力を感じても、なかなか理解しにくいものです。二人がお互いの長所を認め信頼し合うところに、はじめて発展や飛躍があるのです。

企業がある程度成功したときに、性格の不一致が表面化して、御家騒動に発展する会社もあります。親族会社や夫婦共同で新企業を発展させたところに、この傾向が強いかもしれません。企業を発展させた夫婦や親族は似た者同士の場合もあり、性格の異なっている場合もあります。異なっている場合は、ふつうは夫が創造的、カリスマ的、破天荒なところがあり、妻が実際的、現実的な場合が多いようです。むろん、逆の夫婦もあります。また親族の間で、これらの特徴を分かちもっていることもあります。

こうした夫婦会社や同族会社は、事業を成功させるために、異なった性質と心をひとつにすることが必要です。事業が成功するまでの苦労の期間は、お互いに共通の課題がありますので、心も一致できるのです。しかし成功しますと、共通の目標が失われてしまいます。すると異なる性質の、理解できない面が浮上してきます。また、苦労していた間に夫婦の理解が深まったのはいいのですが、異なっていたときに感じていた相手の魅力が少なくなり、ほかの異性やほかのことに魅力を感じるようになり、本業がおろそかになったりすることもあります。苦労してやっとここまで来たら夫が浮気した、仕事に目鼻がついてきたと思ったら、本業と異なる新しい事業に手を出して失敗した、といった例は枚挙にいとまがありません。なかなかむずかしいものです。

同族会社は別の問題も生じます。事業には新しい発想が必要です。しかし後継者を家族から選びますと、発想がどこか似てきます。それに加えて、起業した初代より能力が低かったり、保守的になったりしがちです。後継者は、初代のような同志をもっていません。はじめから社長候補なのですから。昔はそれでも番頭格の人が滅私奉公的に一族に尽くしていましたが、今はそのような社会的風潮はありません。たとえ後継者が新しい発想をもっていたとしても、会社が安定していますので、先代が冒険を認めないこともあります。こうして結果的に、会社は新しい発想ができにくくなります。現代は変化が激しい時代ですので、よほど伝統的・家内工業的な会社でない限り、これでは会社は存続できません。

人間が進歩や発展するためには、自己改革が必要です。それには相互理解と、異質なものの取り入れの両方が必須です。

20 肉体関係をもたなければ、男女でも一生の友

「男女間に生涯的な友情（友人関係）は存在するか」という、昔からの問いがあります。むずかしい（できない）という人と、できるという人がいます。どちらも真実でしょう。

同性の友人関係と異性との友人関係の差は、同性の場合は終生心の関係であるのに対して、異性の場合は性的な関係が生じる可能性があることです。それならば、肉体関係をもたなければ、男女の間でも一生の友人でいられる可能性があるということでしょう。事実、「肉体関係をもたなかった男女は一生の友だちでいることができる」のです。

では、どうして「男女の間に生涯的な友情は存在できるか」という問いが昔からあるのでしょう。それは心が通じ合うようになった男女は、友人関係ではものたりなくなり、肉体関係をもたずにいることがむずかしいからです。そこには本能的な引き合いが生じます。心だ

けではなく、男女の間では肉体関係まで発展することによって、関係が深まったと感じられるからでしょう。

しかし肉体関係をもった男女のほうが、もたない男女よりも関係が深いといえるでしょうか。もしそういえるのなら、「簡単に肉体関係をもった男女ほど、関係がこわれやすい」ことの説明がつきません。「彼は私の身体だけが目的だった」というような、女性の嘆きは生まれません。菊田一夫の有名な作品『君の名は』の男女は、物理的にはすれちがいばかりですが、それによって恋の感情は高まります。身体を許さないほうが、男女の関係が持続することは多くの人の体験からわかっています。

これに対して反論もあるでしょう。「私はかたくなに彼の肉体的要求を断ったから、彼は去っていった」と言う女性がいるからです。この考えは本当でしょうか。彼との人間関係、心のつながりが浅かったからではないでしょうか。

男女の間で、肉体関係をもって関係を生涯的に持続させるには、結婚するか、愛人関係でいるしかないのです。夫婦や愛人は友人関係とは異なる関係です。男女関係はそれが長く続くほど、夫婦や愛人でも肉体関係が不必要になっていき、だんだん夫婦や愛人というより、友人に近い感覚になっていきます。心のつながりが深くないと、人間関係は持続しません。

よく聞く言葉「金の切れ目が縁の切れ目」は、心のつながりが浅くて、肉体関係優先の男女関係にいえることなのです。

プロカウンセラーとクライエントの関係は、「深くて熱くならない関係」です。心のつながりだけが深い関係ともいえます。カウンセラーとクライエントの関係は、クライエントが同性であっても異性であっても、「深くて熱くならない関係」です。

カウンセラーとクライエントの人間関係が浅いものであっては、クライエントはカウンセラーを信用して自分の悩み、秘密、恥部やコンプレックスを話せません。熱くなってしまっては、他人の関係でいることがむずかしくなります。「熱い関係」になりますと、どうしても日常的なつながりが生じてきて、親子や夫婦、友人のような関係になってしまいます。このような関係になりますと、問題に冷静に対処することがむずかしくなります。外科医が、自分の子どもや親、配偶者の手術をしないとか、弁護士は自分の身内の訴訟は行なわず、信頼のおける友人弁護士に依頼するというのも、同じように冷静な対応がむずかしいからです。「熱い関係」には、お互いの現実が入ってきます。身内であれば、ふだんの関係が現実ですので、これは当然です。しかし、カウンセラーとクライエントの関係に現実が入ってきますと、カウンセラー自身の現実生活に影響を及ぼします。もちろんクライエントの日常生活も影響を受けます。プロカウンセラーは何十人という人の相談にあたっていますので、それぞれのクライエントの現実が入ってきますと、実際の相談ができなくなります。不眠の人にひと晩中、それも幾晩もつきあうことは、プロカウンセラーには不可能です。

昔の開業医は、自宅と診察場所が近接していました。これは患者にとっては安心ですが、深夜の診察を連日させられる開業医は、身体がもちません。評判の高い、はやっている名医ほど多くの患者さんがやって来るので、昼夜とも忙しくて疲れはてます。それより病院に入院してもらって、医師が交代で治療にあたるほうが現実的です。開業医が忙しくなるほど、自分の家族や生活を大切にするほど、住居と仕事場が離れるようになるのです。

医師は交代で治療にあたることができますが、カウンセラーはそれができません。あなたがクライエントだとして、次々と交代するカウンセラーに継続的に相談ができるでしょうか。できませんね。もし、何人ものカウンセラーに相談したいという人は、カウンセラーとの人間関係が希薄だからです。また相談内容も、専門家の意見を参照したいというレベルのものです。深刻な問題に本気で取り組もうとすると、何人もの人に深い悩みを打ち明けることはできないものです。

プロカウンセラーのレベル（実力）を評価する指標として、よく次のようなことがいわれます。まず、むずかしい問題や悩み、むずかしいクライエントに対処できるようになると「準一級」。次に同業者であるカウンセラーから、その家族をカウンセリングのために紹介されるようになったら「一級」。自分の家族から信頼され、相談にのれるようになったら「超一級」です。

「一級」は、医師でも弁護士でも、自分の家族を同業者にまかせるとなると、その実力を吟味するからです。同業者の実力は、同じ業種の人間が、うわさや風評ではなく、本当のところを知っています。また「超一級」は、自分自身の身内から信頼されるためにはカウンセラーの人格が問題になります。家庭内と異なる、取りつくろったような外観だけ立派に見える人格では、家族や身内は信頼しません。かえって不信感を買うでしょう。身内の相談となると、カウンセラー自身の日常生活が深く関係しますので、自分を相談の外側に置くことはできません。クライエントが他人なら、夫（妻）のことを批判するのを聞いてもカウンセラーは冷静でいられますが、自分の配偶者が自分を批判するとなると、冷静ではいられません。また批判されたことを、日常生活で改めなくては、配偶者の信頼は得られません。自己中心的な人間では、自分の配偶者、子ども、親兄弟の相談にはのれないのです。

主題からはずれてきました。もとに戻りましょう。親友との関係を長く持続している人は、親友と日常的には距離がある人たちです。距離がないと、お互いに疲れてきます。いつもべったりの関係でいますと、つまらないことで大喧嘩して別れてしまうことにもなります。「ヤマアラシジレンマ」という言葉があります。寒い冬にヤマアラシたちが暖を求めて集まりますが、あまりに接近しますと、お互いの身体に相手のとげが刺さります。離れすぎると寒くて暖がとれません。離れすぎずくっつきすぎない距離が必要なのです。この比喩《ひゆ》は人間関係を象徴したものです。どのように親しい関係でも、相手から侵襲《しんしゅう》されない距離が必要なのです。何をするのもいっしょだというのも、ある程度の時間ならいいのですが、お互いが自分ひとりになりたい時間を浸食するようになると、相手がいやになってしまいます。

「それでは遠距離恋愛のほうがいいのですか」と聞かれると、ここにも問題があります。遠距離恋愛は失敗しやすいといわれているからです。夫婦でも、いっしょに寝る、別室で休む、別居する、と二人の間の距離が離れるにつれて仲が冷えてきますから。遠距離恋愛で「失敗」というのは、二人が結婚という最終ゴールに入れなかったという意味です。恋愛は非日常の世界で、結婚は日常世界のことです。この章のテーマである「肉体関係をもたない男女は、一生涯友だちでいられる」のとは、別のことです。友だちでいられることと、結婚しなかったことは別問題です。

もし肉体関係をもたない遠距離恋愛で、二人が夫婦としては合わないと感じ、友だちでいようと決めたのなら、一生友だちでいられる可能性があります。断定せず「可能性がある」といったのは、友人関係も、しばしば破綻しますから。

夫婦や親子のように、血のつながりのある者や肉体関係のある者、家族として社会的にグループとして扱われる者は、日常性を共有する必要があります。そうでないと「去る者日々にうとし」の関係になってしまいます。また、心でつながっている者は、日常性を避け、非日常性を大切にすることが必要なのです。友人関係に日常関係を持ち込み、たとえば金銭の貸借をすると、早晩友人関係は破綻します。

今つきあっている異性と、生涯の友人関係を保とうと思うのでしたら、肉体関係をもたないことです。

21 秘密を守るための煙突

信頼される性格とは、①口が固いこと、②素直であること、③ぐちや悪口を言わないこと、です。プロカウンセラーは、個人のプライバシーに関わる仕事ですので、秘密を守れることが絶対の条件です。きびしい守秘義務が課されています。

しかし、人間の本性として、秘密を守ることはなかなかできないものです。『王様の耳はロバの耳』のお話のように、他言すると命に関わるようなことでも、秘密を守ることはむずかしいのです。大きな秘密ほど言いたい衝動にかられてしまいます。秘密の大きさ・重大性と、それを守れるかどうかは、その人の人格の大きさと比例します。禁止されていることは、してみたい誘惑にかられるものです。『夕鶴』の与ひょうのように「見ないで」と言われると、見たくなるのです。そうすることが最愛の妻との別れになるとしてもです。

秘密を守ることは、もともと個人の倫理性にまかせるべきことですが、「見るなの禁止」を犯して秘密をのぞき見る人が絶えないので、現実には法律で守られています。秘密を明かすことが、他者のプライバシーを犯したり、不利益をもたらすことがありますので、それを防ぐために秘密漏洩罪《ひみつろうえいざい》が刑法で定められているのです。秘密をもらされた個人、団体、国家に実際上の不利益が起こるときは、職務上知り得た秘密を守るのは当然のルールです。秘密の漏洩は現実的な不利益以外に、もらされた人の心に痛みを与えます。

では、なぜ秘密は守りにくいのでしょうか。どうして、他人の秘密をしゃべりたくなるのでしょうか。ある人から、人に教えたくなるのは人間の本能だ、と聞いたことがあります。人間には教授本能があるのかもしれません。それはともかく、自分だけが知っていることを人に教えたくなるのは、本能とまではいえないにしても、そうとう強い心の欲求なのでしょう。ゴシップ記事が売りの雑誌やテレビ番組が絶えないのは、人間の心理をついているからです。他人ごとだと放っておけないのです。ゴシップを流された人は迷惑です。言論界には、出版の自由と国民の知る権利を楯にして、国民の実生活には関係のないゴシップ記事を流す人びともいます。自分と関係のないゴシップも、知る権利の範囲なのでしょう。日常生活を送るために、他人の秘密を知る必要性が、心の安定には必要なのかもしれません。

しかし、これらのゴシップ記事の内容は、内閣や国際政治上の動向を知る国民の権利とはレベルが違います。国民の実生活に深く関わることが隠密に行なわれ、あとで大きな影響や被害が及ぶことに対しては、時の権力者が反対しても、国民には知る権利があると思います。とはいっても、些細なことや関係のないことにまで、報道の自由と国民の知る権利を濫用《らんよう》しますと、肝心なときにそれが有効にならないことが起こります。慣れとは恐ろしいものです。それでも大衆はゴシップも知る必要があるのでしょう。

少し横道にそれました。それでは、どうして秘密が守りにくいかを考えてみましょう。秘密を守れる人はどのような人だと思いますか。しっかりと自分をもち、他人のことと自分のことの区別ができる人です。自分が知っている情報でも、それが相手にとってつまらないことか、重要かの判別がつく人です。重要でないことをしゃべらないということは、むだ口が少ない人です。逆に、むだ口が多い人は不安が高い人です。不安の少ない人は、人格が安定しています。

私はそんなに強い人間ではない、しっかり自分をもっているとも思えない、秘密を抱えていると不安になる、というような人はどうすればいいのでしょう。秘密をもっていると心がモヤモヤしてきます。心がくすぶっている状態です。秘密が消化されていると、心はモヤモヤしません。秘密が完全燃焼して、心のなかでくすぶらないのです。秘密を言いたくてたまらない状態にあり、抱えている秘密に火がついているのに、自分のなかで燃焼していないときが、秘密漏洩の危機なのです。このようなとき、燃焼させるためにはどうすればいいと思いますか。それは煙突をつけることです。

煙突をつけると、秘密は燃えつきていきます。「秘密は、遺跡と同様、明らかになったときから風化する」というフロイトの有名な言葉があります。「人のうわさも七十五日」という諺《ことわざ》もあります。でも、自分の心に大きく影響する秘密は、なかなか七十五日間も辛抱していられないものです。そのときは、煙突を立てて完全燃焼させるほうがいいのです。

煙突を立てるとは、どうすることだと思いますか。それは秘密が守れる人に、秘密のありったけを話してしまうことです。不思議なことですが、全部話してしまいますと秘密は燃焼して、それ以上話さなくてもすみます。煙突をつける際に大切なことは、煙突の吟味、つまり話す相手の人格の大きさを見きわめることです。秘密を燃やす煙突は、かなりの高温になります。他人の秘密を聞いた人の心が大変になるのです。煙突の素材があなたの秘密を燃焼させるに耐えるだけの品質がないと、今度は煙突自体が燃えてしまいます。

今ではかなり昔になりましたが、電話でぐちを聞くことを商売にした人がありました。この商売は、私がいうところの煙突さんです。ものすごく繁盛したそうですが、一年ほどで商売替えをしたそうです。なぜかといいますと、ぐちを聞く人が病気になったからです。ぐちは毒を含んでいます。毒を消化できる酵素をもっていない限り、ぐちを聞く人は毒にやられてしまいます。これは煙突の素材がもろすぎた例です。

また、煙突にはススがたまりますので、定期的に煙突掃除をする必要があります。プロカウンセラーはプロの煙突さんで、煙突になるために人格を専門的に鍛えていますが、自分自身に自動掃除機が設置されるまで、掃除屋さんに定期的に掃除や修理をしてもらっています。このプロカウンセラーが定期的に点検してもらうための煙突掃除屋さんを「スーパーバイザー」といいます。

煙突役の人、人の悩みを聞くプロの人は、プロカウンセラーに限らず、自分の煙突掃除屋さんをもっています。告解という、人が犯した罪を聞く、カソリックの神父さんもプロの煙突役の人ですが、こうした神父さんたちもみんな霊的指導者という煙突掃除屋さんをもっています。それでも、煙突役の人はときどき熱くなって、自分が溶けたり燃えたりすることがあります。病気になったり、秘密を打ち明けた人と熱い関係になってしまうのです。このように、自分をダメにしないで人の話を聞くことはなかなかむずかしいことです。秘密をもちつづけることがいかに大変かが、おわかりいただけたと思います。

それでも、いつかあなたも、煙突役を引き受けなくてはならないときがあるかもしれません。あなたはプロの煙突役ではないので大変です。こんなときはどうすればいいのでしょう。それは煙突役ではなく、避雷針になることです。

煙突と避雷針はどこが違うかといいますと、避雷針はどのような激しい雷の電流も引き受け、引き受けた中身を吟味することなく、地中にそのまま流してしまいます。これを聞き役の立場にしますと、人の秘密を燃焼させるのではなく、そのまま大地に流す、つまり人の話を自分のなかに入れないことです。これでは秘密を打ち明けた人は完全燃焼しないのではないかと思われるでしょう。それはそうです。しかし煙突の掃除屋さんもなく、素材として鍛えられていない人が煙突役を引き受けて、なまじ燃焼のお手伝いをすると危険なのです。

あなたに関係の少ないことを聞き流し、自分の人格に影響させないことが、秘密保持の最良の方法です。あなたがこのような聞き方に満足できずに、それでいて秘密を保持できる人になるためには、自分を鍛えるか、自分が保持できない秘密を聞いてくれる誰か別の人をもつ以外にないのです。

あなたの配偶者は、あなたの煙突役か煙突掃除役を引き受けてくれそうですか。

22 自他の区別は安らぎを与える

22：自他の区別は安らぎを与える

人間なら誰しも、自分の領域が侵されるのを歓迎する人はありません。このことは、個人、集団、国家を問わず当てはまります。たとえ、未利用で将来性もないと思われるような土地でさえ、国境侵犯はときには戦争にまで発展するものです。孤島や荒野のために何万という人の血が流されることさえあります。隣との境界線が数センチ出たの出ないのと裁判沙汰になることも多いものです。境界の侵犯が大問題になるのは、権利が侵されたと感じるだけではなく、主体性が侵犯されたと感じるからです。領域の侵犯は、現実的な利益もありますが、心理的な要因の影響が多いのです。だから、現実的利害がない領域でも、必死になるのです。

心理的な関わりが大きい領域の侵犯は、こうした現実的な侵犯にとどまらず、純粋に心理的な、心の領域の侵犯も多くあります。心の侵犯のことを、心理的侵襲《しんりてきしんしゅう》と呼びます。いわゆる「他人の心に土足で入る」のがこれです。

厄介なのは、侵襲されたほうはすぐに気づくのですが、侵襲したほうは、そんなふうに感じていないことです。そのため侵襲されたほうは、侵襲者に対して嫌悪感や忌避感がよけいにつのります。それでもまだ相手が気づかないと、情けなくなったり、自分のほうが侵襲されているのに自己嫌悪に陥ってしまうことさえあります。

大人と子ども、思春期以後の親子、嫁姑、教師と生徒、上司と部下、先輩後輩、のようなある種の上下関係では、侵襲的関係が起こりやすいのですが、一見対等に見える友だち同士でも、無口な人と雄弁な人、鈍感な人と敏感な人などに侵襲関係が生じます。このような場合は、よけいに厄介です。なぜなら、片方は相手のためによかれと思ってやっているのに、それが相手からすると侵襲となっているからです。「かまわないでくれ」「放っておいてくれ」というような声は、侵襲されたほうからの悲痛なメッセージなのですが、「あなたのためを思ってやってるんじゃないの」「放っておいて、自分でできるはずがないじゃない」と言われて喧嘩になったり、関係が損なわれることはよく起こることです。

まだ「かまわないでくれ」「放っておいてくれ」と、侵襲した相手に言うことができればいいのですが、これが言えないで極度に不満が蓄積されますと、殺人事件さえ引き起こすことがあります。あの二人は親友だと思っていたのに、どうして友だちを殺したのかわからない、というような事件の場合に、外部からは想像できない侵襲的関係が二人の間に存在することがあるのです。

侵襲的な関係に陥らないために必要なことは、自他の区別——ある物事が、自分のことか、相手のことかの区別をつけることです。そんなことは簡単ではないかと思われるかもしれませんが、これがなかなかむずかしいのです。今、ご家庭に幼稚園受験のお子さんをおもちの方もいらっしゃると思います。それでは、受験は誰の領域にあるのでしょうか。簡単ですね。それは受験する本人の領域です。これが親子の間ではっきり了解されていますと、「お受験」問題はまず起きません。

しかし、この意見に対して、ただちに親御さんからの反論があると思います。「これから幼稚園へ行くような小さい子どもに、どの幼稚園がよいか悪いかなんてわからないじゃないか」「親がやらなければ、しかたがないじゃないか」との反論です。反論はある意味では当然です。しかし、当然だと感じられたら、あなたの、子どもへの侵襲度はそうとう高いことも事実です。あなたは、あなたがよいと思われる幼稚園が、子どもにとって本当によいと何を基準に判断されていますか。世間の評判、子どもの将来の進学の有利さ、環境や先生の優秀さ、等々でしょう。このとき、その幼稚園を子どもが気に入るかどうかと、子ども中心の基準で考えておられるのであれば、お子さんは小さいので親の判断が入るのもしかたがないかもしれません。その場合も、お子さんを体験入園させたり、オープン幼稚園に参加させたうえで、そのときの状況をつぶさに観察して、喜々としていた、先生を好きになった、などの子どものようすで判断されたのなら、これは子どもの領域を侵襲したことにはなりません。

オープンキャンパスは、東大や京大のようにあえて実施しなくても受験生が集まる大学さえ、近年は実施していることです。その理由は、大学に対する世間の認識の変化もありますが、大学の教職員や先輩がいくら自分の大学がよいと思っていても、受験生に合っているかどうかの判断は、受験生にしかできないからです。受験は、受験生一人ひとりの領域のことなのです。

エスカレーター式で、大学まで行ける幼稚園を、受験の苦労がないからといった親の判断基準で選んでも、それに合う子どももいれば合わない子どももいます。受験の苦労が人生への挑戦力になる子どももいれば、受験の失敗が大きなトラウマになる子どももいます。

わが子のことは親がいちばんよく知っているという思いは、ある意味では事実ですが、別の観点からすると、子どもの領域への侵襲が大きいともいえます。だいたい相手の心のなかなどわかったものではないからです。それに、「生き死にと未来は、神仏の領域」です。親が選んだ基準が、子どもの将来にとってよかったかどうかなどという未来のことは、誰にもわかりません。それに、自分で選択した道なら、たとえそれが失敗だとしても、わかった時点で本人が修正します。なにごとにつけても失敗を他人の責任にする人は、その人の成長の過程で心理的な侵襲を受けていた人です。

子どもが幼くて自分のことを判断できないときは、親がかわりに判断することは必要ですが、そのようなときでも、子どもは判断できないものと親が決めつけるのと、子どもにいろいろデータを与えて、その反応を見ながら親が判断するのとでは、結果が異なってきます。人間は失敗から学びます。自分の判断が入っていたのに失敗したときと、人の意見に侵襲されて余儀なく行なって失敗したときとでは、その後の立ち直りが違うのです。決める前に、本人に判断させること、失敗したときにサポートしてあげることが、失敗から学んで立ち直る要件です。

小さい子どもの場合は、人生経験も学んだことも少ないですから、親の判断は必要です。子どもの年齢が一二歳を越えますと、子どもの領域に関する親の判断の必要性は一割以下です。一八歳を越えると、一パーセント以下になります。それ以上子どもの領域に親の判断が入りますと、子どもは親を侵襲的だと感じます。これは、親が子どものことに対して独自の判断をもたなくていいという意味ではありません。親は親としての判断をすることは大切ですが、子ども自身の気持ちを超えて押しつけることが問題なのです。これが心理的侵襲になるのです。

子どもは自分で判断できないときは、親の助言を求めます。このときに親が助言を与えることが大切です。求められたら与えればいいのです。子どもが助言を求めないのは、何を助言してもらえばいいのかわからないか、助言を求めても、今までの経験から、親の助言が役に立たないと感じているかどちらかです。たぶん子どもは自分の気持ちにそわない助言、自分にとってできない助言をされた経験があるからです。

プロカウンセラーは、クライエントから助言を求められることが多い仕事だと思っておられませんか。ある意味でそうですが、ある意味では違います。クライエントの話をよく聞き、その心情を深く理解しているカウンセラーに、クライエントが助言を求めることはほとんどありません。クライエントの問題や心を理解できていない新米のカウンセラーほど、クライエントから助言や質問をたくさん受けがちです。人間は自分を深く理解している人に、質問したり助言を求めたりしないものなのです。

ただし例外はあります。あまりにも素晴らしい人に出会いますと、自分の未来や自分が考える必要のある宗教的・哲学的問題の深奥をその人に聞いてみたくなるからです。とくにその機会を逃すと、再び会えるチャンスや質問する機会がない場合はそうです。カウンセラーで、あるいはカウンセラーでなくても、通常それほど高邁《こうまい》な人格まで達している人はまれでしょう。カウンセラーは、クライエントと定期的・継続的に会っていることが多いので、クライエント自身が体験的に自分の答えに到達するのを共にしています。だからよけいに助言することはないのです。現実的な助言を求められたとしても、助言を求めた人ができると確信した助言しかしません。そうでないと侵襲的になり、クライエント自らの解決能力の進展を阻むからです。実行できる助言というのは、案外少ないものです。

人間関係を円満にし、相手も自分も共に人格の陶冶《とうや》を目指すのなら、「自他の区別をつける」ことです。他人の領域のことはその人にまかせ、自分の領域のことは自分で考えて行動し、他人に依存しない。他人と重なり合う領域のことは交渉して解決する、が侵襲し合わない知恵です。

もし、あなたが自分の人間関係に不満をおもちなら、この知恵を生かしてください。人間関係がまずいときは、依存しすぎか侵襲的かのいずれかですから。

23 知ることは理解の始まり

人間は知らない人を愛することはできません。愛が冷めていくとき、「あんな人とは知らなかった」と思うのが通常でしょう。「知らなかった」から愛が冷めていくのです。自分のことでもすべて知っているわけではありませんから、他人のことをすべて知ることはできません。でも、わからない領域が出てきたときに、それを知ろうとするのか、わからないから切り捨てるのか、態度決定は自分の選択領域です。

喧嘩はお互いの理解できていない領域で起こります。理解できているのに、喧嘩が起こることはありません。この場合も、理解しようとするのか、ばかなこと・理不尽なことだと相手を理解不能と見なしてしまうのかの態度の差は、人間関係の形成や、大きな規模でいえば国交樹立にまで影響を与えます。

複数の人間が集まると、理解しにくい領域というのが必ずあります。どちらかが正しいということもありますが、たいていは認識の差です。片方が絶対的に正しい場合は論争は起きませんが、正しいことは複数あるのです。自分の考えが絶対正しいとお互いが思うときに紛争が起きます。異なる正義を口にした者同士が、紛争の種になることは多いものです。

お互いが正しいと思っていて、違いが大きいのが文化差です。文化差のあるところには、認識の差があります。スープは音をたてて飲んではいけないというのは、西洋流のマナーです。うどんは音をたてて食べても、アジアのうどん文化圏ではマナー違反にはなりません。うどんのことを英語では、ヌードル・スープと呼んでいます。英語ではスープは「食べる」(eat)といいますが、日本語では「飲む」といいます。日本ではうどんを飲むとはいいませんし、スープやうどんに関して、飲んでも食べても、音をたててもたてなくても、ほとんど問題にはなりません。

しかし、アメリカでお招きにあずかり、もしスープを音をたてて食べようものなら、再度お客として招かれることはないと思います。比喩が適当かどうかはわかりませんが、日本でお客に招かれた食事の席で、人目をはばからず何度もおならをするようなものでしょう。そのような下品な人を、あなたは自分のパーティーに招きますか。でも、欧米では食事の席で洟《はな》を堂々とかんでもいいのです。日本では遠慮しつつでしょう。これらのことは単なる文化の違い、マナーの違いです。ですが、マナーの違いはマナー違反につながりますから、相手に与える影響は大きいのです。

ＮＨＫテレビの「その時歴史が動いた」という番組で、明治になってちょんまげが禁止されたときの話がありました。いつの世でも風習、とくに髪に関しての愛着は、ある意味で不思議なほど強烈です。不平等条約の改正のためにアメリカへ交渉に行った外交団の主席、岩倉具視は、頑固なちょんまげ主義者でした。他のメンバーはみんな断髪していましたが、彼だけはちょんまげが日本の文化の象徴だと思っていたので、まげを落とすことは日本人のアイデンティティを喪失することだと考えていたのです。アメリカに渡ったとき、みんなが彼のところへ来ましたので、彼は自分がみんなの人気を集めたと思っていました。しかし事実は、当時のアメリカ人にとってちょんまげが珍しかっただけなのです。これだけならいいのですが、頭にちょんまげをのせている人種は、アメリカ人にとって野蛮人の象徴でした。そのうえ、清国が列強から軽く見られた理由のひとつに弁髪があったことも彼は知りました。

当然のこととして、このときの渡米で条約改正など話になりませんでした。事実に気づいたとき、岩倉具視は落ちこみましたが、断髪を決意しました。これが明治天皇の断髪を促進し、文明開化の象徴になったのです。髪型のことぐらいでと思われるかもしれませんが、そうしたことが国家の体制に影響を及ぼすこともあるのです。髪の毛については、些細なことと思われがちですが、現在でも茶髪をやめる、やめないで、高校を中退するかどうかにまで発展したりするのですから、文化差はあなどれません。

少し話がそれますが、若者はなぜ髪の毛を茶髪にすると思いますか。流行だから、目立ちたいから、欧米に憧れているから、髪は黒色という常識を破りたいから、青年期のアイデンティティを確立したいから…、といろいろあると思います。最近は変わりましたが、ついこの間までは、茶髪は学校側から見ると非行の象徴（指標）でした。アメリカは多民族国家ですので、もともと髪色は多様で、このような問題は起きません。むしろ、髪の毛の色を統一することは、アメリカでは人種差別になります。

もし、どうして茶髪にしているのかを知りたいのなら、茶髪の生徒の話を聞くしかありません。教師たちは「生徒を愛しているから、彼らの将来や就職を考えて、非行に走る可能性の高い茶髪を禁止しているのだ」と言うでしょう。もし、生徒を愛しているのなら、どうして茶髪にしたいのかを知らなければなりません。「愛は知ることから始まる」からです。

茶髪どころか金髪にした若者たちが話していました。自分たちは女性に対してアプローチするのが苦手だった。女性に対して気おくれと恐怖症があった。でも、金髪にしたとたんに恐怖症がとれたのだと。女性恐怖症がとれることは、若者にとって大きな利益です。先生に叱られることとは、比較になりません。プロカウンセラーは、恐怖症をとるのがいかに大変かをいちばんよく知っている専門家ですから、得たものの大きさがよくわかります。むろん、若者が茶髪にするのは、恐怖症を除くためだけではありません。ただ、それほど強い動機が若者にあるということを知っていてもらいたいのです。

知ることは、聞くことから始まります。相手の言うことを聞こうと思いますと、自分のほうが話していては聞けません。自分は話さずに、相手が話すことを聞くのです。聞くことは質問することではありません。質問しても、相手の何がしかを知ることはできます。しかし、それは表面上のことです。年齢・性別・職業・住所などでしょう。これらは相手を観察するだけでわかることも多いものです。住所や職業はわかりませんが、しかしそれがわかったからといって、相手の本質的なことや心情は理解できません。もし、住所や職業からそれらがわかるという人がいたら、その人は先入観・偏見・差別をもっているのだといってもよいでしょう。

23：知ることは理解の始まり

テレビのニュースなどで、レポーターが災害被害者やお葬式の参列者に、「いま、どんなご心境ですか」と質問している場面があります。この質問で心の深奥を語る人はいません。語れないからです。「悲しいです」「とても残念です」「一日も早く立ち直りたいです」などが、よくある答えです。このような答えしかできません。これぐらいなら、聞かなくてもわかります。レポーターにはレポーターの事情があるのでしょうが、このように質問して答えを得るという作業では、たいていの人の答えは表面的なもの、常識的なものだと知っていてほしいものです。

「どうして学校へ行けないの」「どうして離婚したの」「どうして結婚したの」などの質問から得られる答えのレベルも、レポーターのそれと同じです。結婚のようにおめでたいことなら、相手は常識的な答えをしてくれますが、「どうして学校へ行けないの」というような、心に傷を与えるような質問を不登校の子どもにしますと、質問者は嫌悪感をもたれるだけに終わります。レポーターのように他人なら一時的なことですみますが、これが親や教師、親戚の人などとなると、後々まで禍根を残すことになります。

相手のことを知ろうとするなら、相手に自発的に話してもらう必要があります。人間は話したい相手、聞いてもらいたい相手には、能弁になります。理解して聞いてくれる人には、話し手は、話したいことを心から話します。能弁というのは、べらべら話すことだけを意味しません。とつとつと話しても、そこで語られることはそのときの本音なのです。

だからプロカウンセラーは、相手に質問することを極力避けます。相手の話の内容が、ハッキリしなくても、矛盾していても、非論理的であっても、自分勝手であっても、質問せずに聞いていています。そのとき、どうして話し手は、ある点になると話が飛ぶのか、矛盾するのか、自分勝手になるのかをぼんやりと思い浮かべながら聞いています。固有名詞や指示代名詞などで、それがわからないとどんな話か曖昧《あいまい》になり、さらにそれを質問しても相手を邪魔することがないとはっきりしているときは、質問をしたりもしますが。

愛は知ることから始まるのです。「知る」は、話を傾聴することから始まります。聞く技術に関してより具体的にお知りになりたい方は、拙著『プロカウンセラーの聞く技術』（創元社）をお読みいただけたら幸いです。

24 終着駅は始発駅

小説と人生の最大の差は、小説には終わりがあるのに人生には終わりがないことです。死んでしまえば人生は終わりではないか、と思われるかもしれません。しかし、死んで自分の人生は終わったとしても、子どもや孫、配偶者や関係者に自分の人生のなんらかは引き継がれています。人間は生きた限り、なんらかの遺産を関係者に残しているのです。もちろん正の遺産もあれば、負の遺産もありますが。

親を交通事故で亡くした子どもたちは、突然親が死んだからといっても、親の影響までなくしてしまうわけではありません。親が自殺した場合はなおさらです。大きな荷物を抱えて、子どもはその後の人生を出発しなければなりません。昔は「火事を出すと三代たたる」といわれていました。火事を出すことは、自分の家だけでなく、ご近所にも多大の迷惑をかけるからです。

現実的な事故や事件の処理はともかく、心理的な問題に関しては、子どもは親や祖父母の影響下で育っていますので、祖父母や親が亡くなったあとまで、子どもや孫にその影響が残ります。伝統的な文化の継承をになっている家だけではなく、世間からは平凡だと思われる家でも、子孫に与えている影響は、正も負も想像以上です。プロカウンセラーをしていますと、先祖の負の遺産の継承による心理的問題にしばしば行き当たります。祖母の子育て放棄は、その子どもである母親だけでなく、その母親の子ども（祖母から見ると孫）にまで影響を及ぼします。心理的な影響も、三代にわたることがあるのです。

プロカウンセラーは、心理的遺産を含め、心の問題の因縁を切るための援助的な役割をになってるのではないかと思います。たとえば、子どもを水子にすると、母親には心の葛藤が生まれます。水子供養は神社やお寺で行なわれていますが、この供養は宗教的な因縁切りです。プロカウンセラーは、心の因縁を断ち切るための住職か神官の役割をしていると、比喩的にはいえるのです。

世間からは、うらやまれるような状況も、本人にとっては迷惑なこともあります。たとえば、莫大な遺産を受け継いだ人を世間はうらやむでしょう。財産は、それがない人に比べると、物事を始めるのに有利な条件です。しかし、お金は持ち主の器量によって、生きもするし死にもします。器量が小さいのに莫大なお金をもつと、ろくなことになりません。受けついだお金を使い果たすまでは、その人の人生は始まりません。それらの人の症状は遺産過多症といってもいいようなもので、芥川龍之介の小説『杜子春』のような人生になります。杜子春は仙人に教えられ、自分の影のうつった地面を掘って黄金を手に入れるのですが、すぐに使い果たしてしまいます。それでも、三度目に一文なしになったときに、やっと目が覚めました。それに杜子春には、助けてくれる仙人がついていました。

　器量より少ないお金しかないときも人は苦労しますが、その場合は、やがて自分の器量に合ったお金ができるようになります。「子孫に美田を残すな」との諺《ことわざ》は、遺産が子どもたちの器量に合わないときに、それが原因で争いが起こったり、みにくい人生を送ることになるからです。なかなか二つよいことはありません。

　人生には節目があります。節目はひとつの時代が終わったときにやって来ます。節目を意識できますと次への対処法が生まれるのですが、人間はなかなかそれを意識できません。二〇歳の若者に、何歳くらいからが老人かと聞きますと、五〇歳ぐらいと答えます。四〇歳の人に同じことを聞きますと、六〇歳ぐらいからと答えます。六〇歳の人に聞きますと、七五歳ぐらいと答えます。六〇歳、つまり還暦を越えますと、自分も年をとったものだ、もう老人だとどこかで感じますが、老人だと意識した行動をする人はまれです。老いをあまり意識すると年寄りくさくなるので、おすすめはできませんが、年齢に合った生活設計、とくに現役からの引退は大切です。

引き際を間違ったために、今までの栄光を失った人は、枚挙にいとまがないほどです。自分の引き際が見えることと年寄りくさいのとは異なります。引き際の判断を誤るほうが、じつは老人くさく、現実認識や判断が的確でなくなっているのです。引き際が大切であることと、終生現役であることとは意味が異なります。終生現役とは、自分自身の人生に対してです。多くの人に影響を与える社会的役割は、引き際が大切なのです。自分としては、現役から引くことになるのですが、これは全体から見ると引き継ぐことになるからです。

あなた自身の人生に関していうなら、終着駅は始発駅です。終着駅がおしまいではありません。死ぬことさえ終着駅ではないのです。来世を視野に入れないと、老人の人生は豊かになりません。今まで無宗教だった人が、年とともに神仏に帰依《きえ》するようになるのも、来世を考えないと生きていけないからです。自殺はどのような宗教でも悪とされています。なぜなら、「生き死にと未来は、神仏の領域」だからです。

24：終着駅は始発駅

あるクライエントは、心のどこかに絶えず自殺願望をもっていました。彼は自分の人生があまりにも苦しいので、神様にどうか死なせてほしいとお願いしました。夜、彼は夢を見ました。それは地獄そのものでした。地獄は現在の彼の苦しみをはるかに凌駕《りょうが》するものでした。その後、彼の自殺願望は不思議と消えていきました。

自死の向こうには地獄が待っていたのです。そこから救い出されるには、弥勒菩薩《みろくぼさつ》が救済に現れるまでの、五六億七千万年の長き時間を地獄で暮らさなければなりません。彼は死が終着駅でないことを、夢で知ったのです。弥勒菩薩を信じない人でも、長年の言い伝えには意味があることを知っていてください。自殺したそのあとの世界は、誰がになうかはわかりませんが、現世の何倍もの苦しみであることはたしかでしょう。

人間は、過去に重きをおきすぎると、しばられます。未来に依存しすぎますと、不安になります。しかし、過去がないと現在を定位できません。未来がないと生きていけません。老人になると過去語りが多くなるのも、未来展望をもてなくなっているからです。あの世を含めて未来展望をもっている老人ほど過去語りは少ないものです。

人生は、時代のつながりです。子ども時代の終わりに思春期があります。思春期の終わりには成人期があります。そして、壮年期、老人期へとつながっていくのです。ひとつの時代を充実して終わることができますと、次の時代は順調に始まります。途中には、いろいろの障害と楽しみが待っています。障害がないと楽しみはありません。なぜなら、獲得したものがあたり前のこととしか感じられないからです。

無事、ひとつの旅の終わりに来たら、次の始発まで待たなければなりません。人間は休むことが必要です。待ち時間にこれまでの旅をふり返り、思いを充実させ、次の旅を楽しみにして待つ人と、前の旅や列車にこだわり、次の行く先が決まらずに、待合室でうろうろしながら待つ人とでは次の旅が異なります。うろうろすると疲れます。その終着駅に止まることになります。それでも、行く先も決まらないのに、来た列車に飛び乗るよりはましかもしれません。自分の生きたい方向と違う方向へ連れて行かれるよりは。

みんなが行くからと、深く考えないままについて行ってしまうと、自分の希望とは異なる方向へ進むことになります。みんなは生き生きとしているのに、自分だけが違和感に苦しみます。これに気づいたら、早くその列車を降りて、もとの駅まで引き返すか、行き先の異なる列車に乗り換えるしかありません。

ひとつの時代の終わりは、次の時代へ向かう階段の踊り場だともいえます。プロカウンセラーは、過去を引きずって、未来が見えず、踊り場でうずくまっている人にお会いすることが多くあります。まわりの人たちは、なんとかして彼を次の階段に連れて行き、上らせようとしますが、無理をさせると、階段の途中で力つき、落ちそうになりながら階段にしがみついていることになります。プロカウンセラーはそのような人にもしばしばお会いしています。人生の踊り場は、ある意味で、目標達成のための中間地点か、一段階目標が達成された地点です。階段は死ぬまでつづくのですから。

人生の階段は枝分かれしていて、ひとつとは限りません。運命的な見方をする人にとっては、個人個人に固有の階段があるといえるのかもしれません。自分の階段を上れず、人の階段ばかり上らされているのではないかと思う人もいるでしょう。自分の人生は自分のものです。同時に、自分の人生は次の人にたすきを渡すための駅伝の区間ランナーでもあります。

苦しい道を走っているときも、「終着駅が始発駅」とイメージして生き抜くことが、自分の人生を自分のものにすることだと思います。

25 宗教者は人間である

近代の特徴のひとつに宗教の形骸化があります。既成宗教においては、とくに形骸化の傾向は著しいものがあります。近代社会とそれまでの社会の違いは、科学の発展でしょう。科学は因果論と論理思考で成っています。データで検証されないものは採用しません。一方、心は因果律では計れないものをもっていますし、宗教もそうです。

心の世界や宗教の世界は、「それは、そうだからそうだ」という、ありのままの確信が意味をもつ世界です。確信は主観的であり、個別的です。そのことを信じるかどうかだけです。不登校児が学校へ行けないのは、その子が学校へ行けないと感じているからなのです。病気や歩行不能で登校できないわけではありません。近代科学の見地からいう学校へ行けない理由や原因、因果律でいうような原因は、そこにはないのです。

不登校の原因は、いじめではないのですか、と考える人もいるでしょう。もし、いじめられることが学校へ行けない原因ならば、いじめられている子どもはすべて不登校か不登校傾向にならねばなりません。いじめられていても不登校にならない子どもはたくさんいます。だからといって、いじめが不登校の原因ではないともいえないのです。「いじめが不登校の原因ではない」というのも、因果律にしばられているといえます。

いじめられたから学校へ行けないという子どもは、いじめられたことが、不登校の主観的原因です。だから、いじめっ子がいない学校へ転校させても、不登校が改善されない例は山ほどあります。いじめが原因なら、いじめのない学校へ転校したら登校できるはずです。しかし、いじめがなくなっても、その子どもが学校へ行けないと感じたら、その子の不登校は改善されません。

宗教もよく似ているように、私には思えます。聖書によりますと、「キリストの母であるマリアは処女でキリストを生んだ」となっています。これは現代医学の技術で、体外受精や器具で精子を子宮に入れて妊娠するのとは、根本的に異なります。処女の定義にもよりますが、セックスなしに妊娠することを処女妊娠というのなら、前記の現代医学の技術による妊娠も処女懐胎でしょう。

しかし、こうした妊娠を処女妊娠とはいいません。なぜなら、妊娠の方法が、近代科学上の妊娠のメカニズムにのっとって科学的に行なわれているいるからです。妊娠のメカニズムは因果律の世界です。近代科学的論理での理解です。これに対して聖母マリアが処女で妊娠し、キリストを出産したのは、彼女が聖母だからです。処女懐胎は、聖母でないとできないことなのです。あとは、これを信じるか信じないかしかありません。信じる人がキリスト教信者で、信じない人はキリスト教信者ではない、というだけのことです。半分信じている人は半分の信者です。だから、キリスト教信者にどうしてそのような非科学的なことを信じられるのですかと問いつめても、意味はありません。彼らは信じているのですし、もし信じられなくなったら、信者でなくなるだけのことです。

宗教の教義を、因果律で説明することはできません。因果律で説明しようとすれば、どこかに矛盾が起こります。ひどいときには、だましや詐欺行為が入ります。数千円の壺を一〇〇万円で買っても、その効用を信じたうえでならば、主観的にはだまされたことにはなりません。信じられなくなったときに、だまされたと感じるのです。大多数の人は、近代科学になじんでいますので、科学的検証のない効用を信じません。だから、だまされませんし、根拠のない効用を信じている人をだまされた人と思うのです。「いわしの頭も信心から」という、諺《ことわざ》がありますが、いわしの頭ががんに効くと心から信じた人のなかには、本当にそれでがんがよくなる人も出てくるのです。

　このごろは下火になりましたが、Mワクチンというがん治療ワクチンが大きな話題になったことがありました。そのころ、友人に免疫の専門医がいましたので、なぜ専門医はMワクチンを使わないのか、なぜ厚生省（現・厚生労働省）はそのワクチンを認可しないのかと、彼に聞いたことがありました。医師の友人は「患者に効果があるものなら使いたい。しかしあのワクチンは、自分たちがいくら追試しても効用があるという結果が出ないからだ」と言いました。

　Mワクチンの効果の有無は、私にはわかりません。将来、効果の計測方法が進歩したら、効果が測定できるかもしれません。しかし、心理学者の経験からすると、Mワクチンの効果を信じて、しかも苦労してしか手に入らないときのほうが、効果があるように思います。いつまでMワクチンが、民間で重宝されるかも知りたいと思っています。

　暗示は人間に対して強烈な力をもっています。睡眠促進効果のまったくない薬、たとえば重曹《じゅうそう》を「最新のよく効く睡眠剤」と暗示して処方すると、何人かには著効が見られます。暗示は信じることと似ています。また暗示には、かかりやすい人とかかりにくい人があります。

テレビの催眠術の番組を見ていますと、催眠術師はたくみに催眠にかかりやすい人を選んで、むずかしい（深い）催眠をかけています。プロカウンセラーは、催眠暗示を催眠療法として使っています。

信じられるかどうかは、通常、信じる対象者の人格に関係します。キリストや仏陀やアッラーが大衆の前に現れて教えを説いたら、多くの人々は彼らを信じると思います。だまされたと感じないと思います。仏陀を除いて、彼らは神様ですから。仏陀は人間ではありますが、人格的には最高の叡知と成熟を果たした人でしょう。宗教に問題が生じるのは、神や仏の道を説くのが人間だからです。神や仏は信じるにたる存在ですが、生身の人間には信じられないところがあります。だからこそ人間なのです。自分は神だと宣告する人のなかには、神様がおられるかもしれませんが、幸か不幸か、私は出会ったことがありません。神様と称して、あとで詐欺師だったという報道には接していますが。

人間には「生き、死に、未来」の予測はできません。それは神仏の領域ですから。なぜ自分は生まれてきたのか。いつまで生きられるのか、自分の人生はどのようなものなのかは、誰にもわかりません。わからないことがあると、人間は不安になります。不安になると、

「生き、死に、未来」に関する情報を得たくなります。神仏の領域に迫りたくなります。

人間が宗教や信じるものがないと生きていけないのは、不安と孤独に押しつぶされるからです。無宗教だと思っている人でも、宗教心がない人はいません。信じるものがないと生きていけませんので、他人や自分の信念にしがみつく人もいます。ただ、他人は裏切る可能性を秘めていますし、実際に裏切ることもあります。あまりにも誰かに信じられていますと、これは一種の依存ですので、依存された人はいやになり、結果的には裏切ったと思われるような行為をして、関係が破綻したりもします。

自己確信（信念）をもつことは、生きるためには必要です。信念がないと、浮き草的な人生になってしまいます。しかし、人生経験を積むにしたがって、信念が成熟し発展しないと、どこかで取り残されます。信念は成熟と共に柔らかくなります。成熟しない信念は頑固で凝り固まった確信に至ります。人間性に柔軟性がなくなり、人を受け入れなくなり、確信があまりにも突き進むと、妄想に近いものにさえなるのです。

宗教を説く人、宗教家の多くは人間です。宗教家自身は神仏ではありません。人間的・個人的欠点を内包しています。宗教家はそれを克服するために絶えず修行する必要があります。多くの宗教家は修行をしておられます。修行された人ほど柔軟性があり、思想の基本に優しさがあります。弟子に厳しい修行をさせながら、自分はぬくぬくと暮らすようことはありません。物やお金への執着もありません。嫉妬と羨望がなく、報恩と感謝に満ちておられます。なぜなら、ご自身の神仏と対話されているからです。

現代人の不幸は、このような人間的に円熟した宗教家と直接会う機会が少なくなったことです。神仏は脅したり、すかしたり、金品を要求したりしません。それをするのは人間です。人間の強欲さです。強欲は神仏から遠い存在です。神仏を信じた人が、神仏に出会わさせてくれた宗教家に感謝してお礼をすることはあっても、宗教家から感謝とお礼を要求されることはありません。これがプロカウンセラーから見た宗教家の真偽の見分け方です。

どうしても真の宗教家に会えないで不安を感じておられる方は、自分のなかの神仏と対話してください。人間誰でも、自分の心のなかに自分の神仏が存在します。なぜなら、宗教心をもっておられない方は存在しないからです。自分の神仏は、自分自身の宗教心の象徴です。

蛇足ですが、わたしの宗教は「トウザン（東山）教」です。

26 内なる声と外からの声

われわれはつねに二つの声を聞きながら生きています。内からの声と外からの声です。内からの声とは、自分の心の声です。外からの声とは、世間の常識をはじめとした、外部からの声です。内からの声も、外からの声も、複数聞こえることがあります。ひとつのときは問題はありませんが、複数になると、声はお互いに相反するメッセージを出しています。

内からの声が複数のとき、ふつうは二つの相反するメッセージの場合が多いのですが、どちらかを行なおうとすると、反対のメッセージがそれを止めます。人は葛藤します。自己矛盾を起こしているからです。眠りたいのに眠れない、食べたいのに食べられない、食べたくないのに食べすぎる、行かねばならないのに行きたくない、などです。

外からの声が複数のとき、自分との関係が薄いときは、それらは単に意見の相違ということで、すませられます。どちらになろうと、自分とは関係がないからです。しかし、自分との関係が深いときは、選択を迫られます。二人の上司の意見が食い違い、どちらかを選択しなければならないとき、妻と母が対立して自分にどちらが正しいかと迫るとき、複数の友人の意見が対立して調停を求められたとき、などです。どちらかの意見を選択すると、異なる意見の人と対立関係になり、ときには自分の意に反して敵にされてしまいます。

外からの声と内からの声とが異なるとき、社会的適応にゆらぎを生じます。内からの声、すなわち自分の考えを押し通しますと、非常識と批判されたり、つきあいが悪いと仲間はずれにされることもあります。逆に内からの声に反して、外からの声に従いすぎますと、むなしくなります。ストレスがたまり、気持ちを表現できないと、身体がかわって表現します。これはストレスが身体に出た症状なのです。疲れすぎますとうつ的になります。

このように葛藤がなかなか解消しないのは、自分の器の大きさが関係しているからです。葛藤とは、受け止めきれない二つのメッセージが、小さな器に同居している状態です。器が大きくなると、今まで悩んでいたことがあほらしくなります。振り返ってみて、なぜあんなことぐらいで悩んでいたのか、と思うことがありますが、それはあなたの器がひとまわり大きくなったからです。自分が葛藤しているようなことを、それこそスイスイと平然とこなしていく人を見ることも多いでしょう。ただこの場合は、相手の器の大きさに気づかず、自分ができないことを楽にこなす人に嫉妬と羨望を抱いてしまうこともありますので、人の狭量さはなかなか厄介なものです。

職場やグループが葛藤を起こしているところと、そうでないところの差は、リーダーや上司の人格の大きさの差です。同じ職場やグループから多くの不適応者を出すのは、リーダーの責任が大きいといえます。不適応者は、弱者から順番に出てきます。もっとも弱い者を集団から放出しますと、二番目の弱者が次の最弱者になり、その人が次の集団不適応者候補になるのです。こうして次々と不適応者が生まれていきます。リーダーが集団を維持するだけの器量がないときには、集団が崩壊するまで不適応者輩出がつづくことさえあります。

学校でいじめが発生したとき、誰もいじめを止められなかった理由として、「先生に告げたり、止めに入れば、次に自分がいじめられるから」ということがあります。集団の異常性、リーダー（複数リーダーもあります）の異常性に対抗するだけの強さや人格の大きさが、メンバーにないからです。大人が考えるほど、いじめの問題は簡単ではありません。

発生したいじめが、子どものなかのある集団にのみ見られるものなら、その集団を解散させればいじめ問題は終わります。しかし、もし学校レベルで同様のことが多発するときは、学校の精神状態、校長（リーダー）や担任の器の大きさが関係します。学校でいちばん弱い集団に問題が発生しているからです。その集団を解散させても、次に弱かった集団が最弱者集団になりますので、いじめの防止ができないのです。

同じ理由で、多くの学校でいじめが起こるときは、その地域が病んでいるのです。多地域でいじめが発生するときは、国レベルで国民の心が病んでいるのです。そのときも、子どもがいちばんの弱者ですので、家庭や学校で子どもの問題が多発します。一国のリーダーが病んでいるときは、国全体に問題が多発します。国民のなかで弱者から順に犠牲者が発生し、拡大していき、世界が病んでいるときは、世界中で同じような問題が多発するのです。この場合も弱小国から問題が起こります。次はわが身なのです。このように見ていきますと、今の世界がいかに病んでいるかがわかります。問題がなかなか解決しないことも理解できます。世界を動かしているリーダーの責任は重大です。

個人から世界まで、人間の問題を解決するには、人格の器を大きくする以外にはありません。器を大きくする作用をもっていて、古代から人類の知恵とされてきたものに宗教があります。宗教が個人・家族・地域・国のいずれのレベルでも、人びとの心の平静・修行・癒《いや》しに実質的に関与していたとき、人びとの心はおだやかで、相互扶助が行き届いていました。

すでに述べましたように、宗教を伝えるのは人間です。宗教は宗教家の器に影響を受けるのです。ある宗教や特定の宗教家がどれほど世間の批判や糾弾を受けていても、私が相談にのった限りでは、無宗教の人よりも宗教をもった人のカウンセリングは容易でした。それは、その人が信じておられる神仏との対話が進むように、あるいは自分の神仏と会話できるように、カウンセラーがお手伝いすることができるからです。もっとも相談の内容が簡単で、精神的に健康度が高い人は、世間の指弾を受けるような宗教にふつうは入られませんが。

この本は、宗教の本ではありませんので、心理療法で葛藤をどのように解決するかを次に述べようと思います。

内からの声でも外からの声でも、それが複数になりますと、葛藤を起こします。この葛藤を直接的に解決しようとしてフリッツ・パールズという人が始めた心理療法を、ゲシュタルト・セラピーといいます。このセラピーには、いくつかの技法があります。典型的な方法を紹介しましょう。「会合に、行きたい自分と行きたくない自分」があるとして、「行きたい自分」と「行きたくない自分」の対話をしてもらうのです。椅子を二つ用意して、（どちらからでもいいのですが）「行きたくない自分」が席に着きます。対面のもう一脚の空《から》の椅子に「行きたい自分」が座っているものと想像し、行きたくない気持ちを全部「行きたい自分」

にぶつけるのです。意見を言ったら対面の席に移ります。今まで座っていた椅子が空になっていますが、そこに「行きたくない自分」が座っているものとして、今度は行きたい気持ちを「行きたくない自分」にぶつけるのです。カウンセラーは、それぞれの意見が述べられるのを聞きながら、相反する自分同士の対話が進むように、タイミングよく席を交代させます。不思議なことに対話が進むにつれて、二つの意見を統合できる、二つの気持ちのどちらも受け入れられるような人格に変わっていくのです。

実際の例を述べましょう。

私が関わったグループに、ジェーンという五〇代の女性がいました。彼女が何かをしようと思うと、「幼稚なジェーン」が出てきて邪魔をするのです。彼女は自分のなかの「幼稚なジェーン」（自分）を憎むようになっていきました。グループのひとりが、ゲシュタルト療法をするとよいのではないか、と提案しました。ジェーンがいつも持っていたピンクのぬいぐるみを使うことになりました。このピンクのぬいぐるみは、「幼稚なジェーン」の象徴です。ジェーンは自分のぬいぐるみ（幼稚なジェーン）に向かって話しはじめました。だんだん彼女の攻撃がすさまじくなり、ついにジェーンはぬいぐるみをグループの真ん中に放り出してしまいました。ジェーンは「これで清々した。これからは自分はより自分らしく生きていける」と宣言しました。グループのメンバーはジェーンに拍手を送りました。

しかし私は拍手をする気になりませんでした。なぜかというと、ひとり放り出された「幼稚なジェーン」（ぬいぐるみ）が気になったからです。私はぬいぐるみを抱いてやり、放り出された今の気持ちを、ぬいぐるみと会話しながら語りました。ぬいぐるみの「幼稚なジェーン」が自分の気持ちを語り終えたとき、ジェーンが私の手からぬいぐるみをひったくりました。「幼稚なジェーン」もそうでない自分も、どちらも自分自身なのだと、この瞬間ジェーンは悟ったのです。彼女はひとまわり大きくなりました。その後のジェーンは、明るくて素直なところは変わらず、それまで見られたみんなが少し眉をひそめたくなるような幼稚な行動がなくなったのです。ジェーンの成長は「幼稚なジェーン」の成長でもあったのです。

ゲシュタルト療法は劇的な変化をもたらすことがあります。でも、いつも必ずというわけではありません。クライエントよりカウンセラーのほうが変化を望んだり、クライエントの問題が時間をかけたほうがいいようなケースは、劇的にはいきません。じっくりのほうがいいのです。薬もカウンセリングも、万能に効くものはありません。

自分の内側で、外側で、あるいは内側と外側とで、メッセージが分かれるときは、二つのメッセージを対話させてください。対話は問題解決の重要な方法ですから。

27 身体表現と感情表現――身体に聞いてみよう

心の状態を、身体の症状や状態で表現する言葉が多く見られます。「頭の痛いことだ」「胸が痛む」「胃が痛くなる」「片腹痛い」「耳が痛い」、と「痛い」だけでもこれだけの身体部位が使われています。「唾棄《だき》すべきこと」「歯が浮く」「身にしみる」「むかつく」「（神経が）切れる」「くさい」「髪の毛が逆立つ」「腹わたが煮えくり返る」などは、身体症状が強烈な心理表現となっています。「腹が黒い」「潔白な身体」と、色彩の象徴と身体を結びつけた表現もあります。「足がふるえる」「ドキドキする」「あんなことを聞かされて、めまいがする」など、実際に身体に起こりうるか、起こる可能性のある身体表現もあります。

身体表現で感情を表すのは、身体と感情とに、深い関係があるからです。自律神経が感情の影響を受けるからともいえます。動物を見ていると、恐怖や敵を感じたときは「尻尾を巻いたり」「瞳孔が拡大したり」「毛を逆立てたり」「あちこちに糞尿をまき散らしたり」します。「尻尾を巻く」は、尻尾のない人間にも使われる表現で、感情が身体表現として出現するのは、脳から見ると原始的な反応です。

人間は言葉を発達させることによって、直接的な表現をしなくていいようになりました。感情を婉曲《えんきょく》に表現できるようになり、言葉にすることによって、直接身体で表現しなくてもよくなったのです。身体表現は直接的なだけに、訴える力は強いのですが、コントロールすることがむずかしく、原始的な反応なので、人間としては問題があるように思われることもあります。

身体で直接的に表現しなくてもよくなったということは、身体表現と言語表現は交換性をもっているということです。身体表現は、原始的、子ども的、未成熟な感じがあります。動物や子どもほど、感情を身体表現で表すことが多いからです。子どもはちょっとした感情的ストレスで、嘔吐やじんましん、ぜん息、発熱などを起こしがちです。だから、人間は、大人になろうとすればするほど、感情を言葉で表す努力をして、言語表現を鍛えてきました。なにごとも二つよいことはありません。洗練された言語表現は、身体表現の強烈さを失うことにもなりました。そして言葉で表現可能な感情を超えた強烈な思いを、身体症状で表すようになりました。ある人の暴言や非人間的な態度を「飲みこめない」と感じたときに、「そのような暴言を私は飲みこむことはできません」と、言語で表現できればいいのですが、それができないときに、嚥下《えんげ》不能に陥ったり、心因性の嘔吐《おうと》が発症したりするのです。

単純化したいい方をしますと、言語表現できなくなった強烈な感情表現が身体化したものが心身症なのです。心身症は主として心理的な原因から身体症状が出現した状態です。心身症は身体の病気ですから医学的な治療が必要ですが、原因に心理的要因がありますので、心理的不適応を改善しない限りなかなか治癒しないし、再発も生じやすいのです。

心理的要因は、一般的には一括してストレスと呼ばれています。ストレスは感情をなんらかの形で表現できないときに生じます。おしゃべり、スポーツ、運動、旅行、登山、温泉、カラオケ、俳句や短歌、小説を書く…、なんでもいいのですが、自分の感情のはけ口がありますと、ストレスは解消するのです。おしゃべりとカラオケは、言語を通じての感情表現です。運動とスポーツは、身体を使っての感情表現です。ストレス解消法の上位に出現するカラオケや運動は、心理学の理にかなっているのです。

現代人は、能動的なストレス解消法が苦手になりました。運動よりはサウナやマッサージ、歌うより音楽鑑賞、演じるよりはテレビや映画・芝居鑑賞と、受け身になりました。もっと手近に、アルコールにたよることもふえました。アルコール（飲み会）がしゃべる機会になればストレス解消になるのですが、ひとりで苦いお酒を飲んでいますと、表現できない感情は肝臓にたまっていきます。アルコールとストレスが二重に肝臓に負担をかけ、黙っている肝臓がストレスの最終の受け皿になってしまうのです。

心身症として、身体にストレスをぶつけられないときの最後の手段は、生きるエネルギーを最小限にしようとすることです。ストレスはある種の心的エネルギーですので、それを最小にしますと、受けるストレスが減ります。しかしこれでは、同時に生きるエネルギーが減少していきますので、死にたくなったり、何もする気にならなくなったりします。それが「うつ」といわれる症状です。現代人に軽うつが多いのは、感情を直接的に、しかもコミュニカブル（相手に伝わるように）に表現できなくなっているからです。

感情表現できないストレス状態におかれると、人間は疲れます。身体的な疲れは、風呂にでも入って寝るととれますが、心理的な疲れは、眠りたいのに眠れない状態を引き起こします。ストレスで心が休まっていないので、身体が休めないのです。「うつ」の初期症状にこうした不眠があります。床についているのに、眠れない、心身の疲れがあり、休んでも疲れがとれないのです。気持ちだけがあせって、実際の仕事は手につきません。

うつも初期なら、ゆったりと休む環境が与えられ、休養が取れれば、回復します。心理的に無理をすればするほど、重症になっていくこともあり、人生の目標を再構築しないと回復しないこともあります。自殺によって、苦しみから逃れたいと思う人も少なくありません。

ある会社の癒《いや》しルームに、竹刀とサンドバッグが用意されている、と聞いたことがあります。竹刀はすぐにボロボロになるそうです。竹刀でサンドバッグを叩くことは、運動による感情表現です。

最近、足のマッサージや簡易エステが流行しています。これは足や身体にたまったストレスを開放するためです。足や身体にたまったものは疲れとして意識されていますが、実態は、ストレス（適切な表現をもたなかった感情）です。だから、足のマッサージやエステは、疲れ（ストレス）がたまったらとるという作業をくり返さなければなりません。

ストレスは表現できない感情ですので、それを解消する方法としてはおしゃべりが最適です。理解してくれる聞き手がいて、自由に、こだわりなく本音を表現できると、ストレスはとれます。これを職業としているのが、プロカウンセラーです。ぐちレベルの、日常的にたまるストレスを話すだけですと、足のマッサージと同じように、しばらくするとまたたまります。気の合う友だちとのおしゃべりはこのレベルです。プロカウンセラーに話をしますと、ぐちレベル以上の、自分の心情の深部にある感情をだんだん表現できるようになります。でも、ふつうの人がプロカウンセラーに話を聞いてもらうのは、あまり日常的ではないでしょう。足のマッサージと、リハビリや鍼灸療法とでは、レベルが違うのと同じです。

お互いのぐちを、理解しながら、しかも聞き流してくれる友だちがいる人は、ストレスがたまりにくいものです。現代では、このような機会さえなかなかもてなくなりました。親友がいない人も現代では多いのです。また、影響を受けずに人の話を理解して聞き流せる人も減りました。人の話を聞くだけで深刻になったり、逆に、なんでも聞き流すだけの、話しても聞いてもらった感じがしない聞き手も多くなりました。

ストレスは感情表現できなくなった状態です。プロカウンセラーや本格的なストレス療法ではなく、自分でできる有効な方法は対話です。おしゃべりについては述べました。それ以外では、自分の身体と対話をするのも効果的です。身体に聞いてやるのです。眠りたいのに眠れないとき、身体に「今、眠いか」と聞いてやるのです。身体が「眠れない」と答えたら、起きればいいのです。起きて、何をするかをまた身体に聞いてやればよいのです。今、眠らなければ明日の仕事にさしつかえる、というのはあなたの思いです。もし、身体があなたと同じ思いなら、横になったとたんに眠れるはずです。身体が必要だという仕事をしますと、やがて身体が「眠い」といいます。そのとき横になればいいのです。必ず眠れます。もしそれでも眠れないとしたら、身体はまだ「眠りたい」といっていないのでしょう。そのときは、また起きればいいのです。大切なのは、自分の思いを身体の思いと誤解しないことです。疲れていると感じているのは自分であって、身体ではないかもしれません。

身体のことは、身体と対話してください。飲みすぎかどうかは、肝臓と対話してください。歩き疲れたら、足と対話してください。

自分と自分が対話できるようになったら、あなたがいやに思う人と対話してください。生きる気持ちがなくなったら、あなたの守護霊と対話してください。対話はコミュニケーションの基本であり、最高のコミュニケーションの手段です。

28 些細なことの重要性

些細なこととは何なのでしょう。小さいこと、取るにたらないこと、すぐに忘れてしまうようなこと、いろいろ考えられます。

些細なことで、すぐに忘れ去られるようなら、本当に些細なことです。無視してかまわないでしょう。このようなことをいつまでも憶えていては、先には進めませんから。人間はコンピューターと違って、忘れることが特徴です。忘れるから救われることも多いのです。

他人から見て些細でも、自分にとっては大切なことはあります。一枚の写真、手紙、安物のアクセサリー、子どものときのおもちゃ、などなど。これらには、思い出があります。品物自体には売れるような価値はありませんが、自分にとってはお金にかえがたい値打ちがあります。別に他人に理解してもらう必要はないかもしれませんが、親しい人に理解してほしいときには、この品物に対しての思いを語りますと、納得が得られます。

他人から見ても、自分から見ても、明らかに些細なことと思われるのに、しばられることがあります。自分から見ても些細だと思うようなことを、他人がだいじに思うことはありません。骨董品やダイヤの原石のように、真の値打ちがわかっていないときは別ですが。

問題なのは、自分にとっては些細なことだと思えるのに、相手にとっては些細でないときです。たとえば、きたない毛布の切れ端を大切に持ち歩いている子どもがいます。子どもがいつも持ち歩くために、汚れてくさくなっています。親にしてみれば毛布が不潔なので捨てて、きれいな毛布と交換してやりたくなります。しかし、子どもに相談せず勝手に捨てたために、子どもに神経症的症状が出ることさえあるのです。たとえ子どもであっても、本人が大切にしているものはだいじにしてやらねばなりません。


持ち帰った、空《から》のお弁当箱を出すか出さないかで、母子がもめた家庭があります。母親からすれば、朝の忙しいときにお弁当箱が出ていないと、それから洗って、ご飯を詰めるのは大変です。それに、お弁当箱を出すくらいはエネルギーがいるわけではなく、ごく些細なことです。上の子はちゃんと出すのに、下の子は何度言っても出しません。出さないどころか、何度も言うと、「うるさい」と反抗的にさえなります。この子は今中学生で、思春期真っ最中です。忙しい登校前にもめるので、朝はよけいに忙しくなります。お弁当箱を出す出さないは、母親にとっては切実な問題です。ちょっと気をつけてくれるだけで、ずいぶん助かるのですから。子どもと母親のどちらのほうが正しいか、客観的に判定すれば、母親のほうに分があります。

母親はお弁当箱を出すのは些細で、エネルギーがいらないことと考えています。お弁当箱ぐらい、ちょっと気をつかえば出せるじゃないかと思っています。ところが、子どもにしてみれば、これは些細なことではなく、大変エネルギーのいることなのです。帰って、お弁当箱を出すことに気がつけば出すのは簡単ですが、家に帰ってきてホッとしたときには、心はほかのことに向いています。だから出さないのではなくて、出せないのです。大げさにいえば、弁当箱を出せない行為は、一種の神経症的行為なのです。神経症的行為とは、「わかっちゃいるけどできない、やめられない」行為です。中学生ともなれば、弁当箱を学校から帰ってきたらすぐに出す必要性はわかっています。わかっているのに、できないのです。上の子にとっては、弁当箱を出す行為はふつうの行為で、だから、出せるのです。ときに忘れることがあっても。

この場合、どうすればいいのでしょう。

神経症的行動は、理屈を言ってもダメです。理屈ではわかっているのですから。わかっているのに何度も言われますと、いやになります。反抗的にもなります。本人以外の人ができる神経症的行為の解決は、通常、三つあります。①放っておく、②本人に代わってしてあげる、③代替を見つける、です。

お弁当箱を出していないときは、お弁当を作らない。これが①放っておく、です。ところが、お弁当を持っていかないとおなかがへるので、子どもはお弁当代を要求します。お弁当代をあげれば解決しますが、家計に負担がかかることがあります。このケースでは、母親はずっと夫と二人の子どもにお弁当を作っていました。お弁当なら二つ作るのも三つ作るのも費用的にそんなに変わりません。それに、お弁当のほうが腹もちもいいし、栄養にも気をつけてやれます。お弁当を作ってやらないと、自分が弁当箱を出していないことを棚に上げて、パンはまずいとか、すぐ腹がへるとか文句を言う子どももあります。

さらにきびしく①を行なうなら、出すのを忘れたら、罰として昼食代を渡さない、という手段もあります。それによって、おなかがすいた子どもが反省し、弁当箱を出すようになるかもしれません。しかし、プロカウンセラーの経験からすると、幼いときのしつけとしては有効かもしれませんが、中学生にもなって、しかも神経症的行動だとなると、最悪の場合、パンの万引き、友だちにお金を借りる、冷たい母親をうらんで非行に走る、自分だけ昼食がないので不登校になる、といった場合だってあるのです。

二番目は、②本人に代わってしてあげる、です。子どもが学校から帰ってきたら、すぐに子どもの部屋に行き、弁当箱を出してやるのです。これだとお弁当をもたせてやれます。ただ、代わりにやってあげますと、お弁当箱だけならいいのですが、それ以外でも母親に依存的になります。また、自分の部屋に入られて、かばんのなかまで見られることに抵抗する子どももいます。お弁当箱を出さないのは、思春期になって、母親から自立しようとするための抵抗である場合もあるのです。

最後の③代替を見つける、とは、知恵を出すことです。この場合は、お弁当箱をもう一個買いたすといいのです。出さなかったお弁当箱は、翌朝、もうひとつのお弁当を渡すときに引き換えに回収すればいいのです。ほとんどの子どもは、昨日のお弁当箱と引き換えだと、あまり抵抗しないで出すようです。

神経症的行動は、神経症とは違います。日常多く見られる「わかっているのに、できない行動、止められない行動」です。電気のつけっぱなし、シャワーと給湯の切り換えスイッチをもとに戻さない、トイレで新聞を読むなど、当人にとってはふつうの行動ですが、いっしょに住む人にとっては、不便だったり、いやだったりする行動です。

家族のひとりがスイッチを給湯に切り替えていなかったために、お風呂の湯舟にお湯を入れようとして、頭からシャワーの水をかぶった経験はありませんか。何度注意してもダメで、給湯のたびに水をかぶりますと、こんな簡単なことができないのかと、腹が立ちます。しかし、冷静に考えてみてください。これは、自分のほうが給湯するときに、スイッチの位置をたしかめればすむ話です。自分のほうもなかなか簡単なことができていないのです。こんな簡単なことなのにと、家族や関係者に要求する前に、自分の行動を点検するほうが簡単なことも多いのです。

簡単なことが、大きい意味をもっている場合があります。三日間の出張からあなたが帰ってきたとしましょう。一杯飲んで、リラックスし、パジャマに着替えて、さあこれから寝ようと思ったとき、子どもから「お父さん、麦茶買ってきて」と言われたら、あなたはどうしますか。コンビニは家から歩いて五分くらいのところにあります。会社帰りにたのまれていたのなら、なんでもないことです。だから、麦茶を買ってきてやる行為自体はたいしたことではありません。ただ、今のあなたにとって心理的にはしんどいはずです。何しろあなたはもう寝る態勢ですから。
「お母さんにたのめば。お父さんは出張で疲れているから」と、言いますか。その気持ちはわかります。しかし、子どもはなぜ疲れているあなたにたのんだのだと思いますか。お父さんに、買ってきてほしいからです。麦茶が飲みたいだけなら、お母さんにたのむでしょう。「自分で買ってきなさい。お金は出してあげるから」と言いたくなるかもしれませんが、自分で買ってくるくらいなら、わざわざ子どもは父親にたのみません。子どもは、お父さんが買ってきてくれた麦茶がほしいのです。もし、あなたが「よし、買ってきてやる」と、再び服を着て買ってきてやったとしましょう。子どもは「お父さんありがとう。疲れているのに悪かったね」と実際に言うか言わないかは別にして、そのような感謝の気持ちになるはずです。

子どもはどうしてお父さんに買ってきてと言ったと思いますか。お父さんを困らせるためでしょうか。もしそうなら、もっとむずかしい課題を子どもはあなたに提起しています。子どもは、お父さんが出張して家にいなかったのが、さびしかったのです。お父さんが大好きなので、お父さんが自分のことを大切に思っているかどうかをたしかめたかったのです。子ども的なやり方で。

もし、あなたのお子さんがあなたを困らせるようなことばかりするようでしたら、あなたに自分のほうを向いてほしいと思っているのです。お父さんやお母さんが大好きな子どもほど、自分のほうを向いてくれるような課題を出します。向いてくれないことが重なると、要求はエスカレートします。その状態が、困ったことばかりする子どもの本当の姿です。

些細なことで、しかも通常でないことは、その人にとって大切な意味をもっています。子どもだけでなく、配偶者や両親、友人、上司や部下が、些細なことに固執したら、それはその人にとってとても大切なことだと認識してください。もし、物理的、身体的に簡単に行なえることだったら、その人のために行動してあげてください。

29 本音と建前——京文化の知恵

日本文化の特徴については、いろいろなことがいわれています。ルース・ベネディクトの著書『菊と刃』では、西洋の「罪の文化」に対して日本は「恥の文化」であると論評しました。その他、縦社会である、母性文化である、中空構造である、とかさまざまです。

こうした日本文化論のひとつとして、日本人は「本音と建前を使い分ける」というものがあります。この言葉は、ふつうは、なかなか本心を明かさない、あまりよくないこととされています。たしかに、欧米だけでなく中国や韓国でも、日本人に比べて外国人は自己主張があたり前のようです。留学生の自己推薦書を見ると、おそらく日本人が同じような自己主張をしたのなら、「我」の強い、協調性のない、自己中心的な人だと思われるような書き方のものが多くあります。就職でも採用を控えられるかもしれません。しかし、応募者が外国人の場合は、人事課の担当者も別の見方をすると思います。このように「内と外」を使い分けるのも、日本文化の特徴です。

自己主張と自己中心的主張は、根本的に異なります。自己主張とは、自分のことを主張するのであって、他人とは関係しません。これに対して、自己中心的主張とは、他人のことに侵襲《しんしゅう》してまで自分の利益を図ることです。アメリカでも、自己中心的な人は嫌われ、友だちも多くありません。ただ、同じように見える行動に、自己主張的なものと自己中心的なものがあり、区別がつきにくいときもあります。また自己主張しないことにも、相手中心ではなく、自己中心的なときもあります。こうしたことは、その場・そのときの人間関係を検討しないと、なかなか区別しにくいものです。

日本人はどうしてあまり本音を言わないのでしょう。本音を言うと、損をするというような自己中心的な面もあるでしょうが、そうではなくて、本音を言うと相手を傷つけないかとおもんぱかるところに、日本文化の特徴があるように思います。

倫理には、個の倫理と場の倫理があります。日本文化は場の倫理が支配的だといわれています。「みんないっしょ」、「赤信号みんなで渡ればこわくない」の文化なのです。赤信号を渡るのはよくない。たとえみんなが渡ったとしても、自分は渡らない、というのが個の倫理です。信念としては理解できますが、日本では堅苦しく思われるでしょうね。一方、場の倫理は、あることに関して倫理的なときは、みんなが倫理的です。個人が場の倫理から離れることを許しませんから。しかし、場の倫理が崩れますと、個人的に倫理的であろうとすれば孤立します。いじめに出会う可能性が増大します。

京都文化といえば、伝統芸能、神社仏閣、伝統工芸など日本が誇る歴史的、芸術的、文化的な要素にあふれています。そこには文化を愛し、美を尊ぶ京都人の矜持《きょうじ》があります。同時に、「京のブブ漬け」といわれる文化があります。ブブ漬けとはお茶漬けのことです。漬け物がおいしいのも京都の特徴ですね。「京のブブ漬け」とは、お客が帰ろうとしたときに、「何もないですが、ブブ漬けを用意しましたので、食べていってください」と言うのです。しかし、実際は何も用意されていないことが多いようです。お客のほうがこの風習を知らずに、「では、せっかくですのでごちそうになりますか」と言えば、それからブブ漬けを用意しなければならないので、無粋な客という評価が下されます。

アメリカでこのようなことをホストがゲストにすれば、即時に友人を失います。アメリカでは、たとえば「何か飲まれますか。コーヒーとお茶がありますが」と、用意できるものを言います。もしお茶がないとか、わざわざお茶を用意しなければならないときは、「コーヒーはいかがですか」と、飲み物を限定します。自分が用意できると言ったものをリクエストされて、それが用意できなかったら、客は失望し、ホストは面目を失います。用意できるかどうかもわからないのに見栄を張る、嘘を言った、客を大切にしていないホストだと思われてしまいます。日本では、コーヒーが沸いていて、「紅茶かコーヒーをいかがですか」と聞かれたら、たいていの人はコーヒーを注文するでしょう。グループで聞かれて、自分以外の人がコーヒーを注文したら、自分は紅茶がよくても、ついついみんなに合わせて「私もコーヒー」と言ってしまいます。喫茶店でも、レストランでも、このようにみんなに合わせている人を見かけます。

日本人的見方からすれば、ひとりだけ「紅茶」と言うと、よけいな手間をかけてしまうという配慮があるからです。しかし、アメリカ流なら、もしよけいな手間がいやなら、ホストは、はじめから「コーヒーはいかがですか」とコーヒーのみをすすめて、けっして紅茶をつけ加えないはずです。どうして日本人は、そこに紅茶をつけ加えるのでしょうか。これはなかなか奥深い問題です。「京のブブ漬け」は、このような日本文化の極致といっていいかもしれません。

「京のブブ漬け」の話やうわさを聞かれた人は、京都人はなんと意地悪で、いやらしい人たちだと感じるかもしれません。しかし、もし京都人が本当に意地悪でいやらしいなら、友だちづきあいや近所づきあいが、千年もの間できると思いますか。これは、意地悪でも、いやらしいのでもなく、人間関係の文化、配慮の文化なのです。では、どこが配慮だと思われるでしょうか。

せっかく見えられたお客なのに、なんのおもてなしもせずに帰ってもらうのはすまない、せめてブブ漬けでも、と考えます。でも、実際にはブブ漬けはありません。それならせめて言葉だけででもおもてなししたい、これが京都人の心意気なのです。客人もそれがわかっているからこそ、気持ちだけを受け取って、あるじの気づかいに感謝してその家を辞するのです。

実際に京都で「ブブ漬けを」と言われた人は、近ごろでは皆無だと思います。京都風にお互いの気づかいを、「ブブ漬け」レベルで理解し合える京都人が少なくなったためです。理解がなければ、「京のブブ漬け」の味は、いやみと意地悪の象徴になってしまいますから。

人間の行動は、二律背反《にりつはいはん》のところがあります。パーティーに行きたくはないが、行かないと義理が悪い。友だちづきあいなどしたくはないが、しなくては孤立してしまう。あちらを立てればこちらが立たず、こちらを立てればあちらが立たず、ということがよく起こります。二律背反に陥る出来事は日常茶飯なのです。これをどのように解決したらいいかと考えると、悩みが始まります。葛藤とは、二律背反のどちらを取るか悩むことです。

京都はプロカウンセラーを育てる国立大学の講座が、最初に設立されたところです。その後、多くのプロカウンセラーやプロカウンセラーを育てる人を輩出してきたのも、京都特有の文化や地域性が影響しているのかもしれません。

プロカウンセラーがお会いするクライエントは、葛藤状態、悩みの状態にある人です。たとえば、学校（職場）へ行きたいのに行けない、不登校（出社拒否）の人です。「行きたいのなら行けばよい」と、言うのは簡単です。悩んでいる人が、それで行くことができればの話です。

葛藤や悩みは、心が二律背反の状態です。単純な選択ができる場合は悩みません。他人の葛藤や悩みは、単純に考えたくなります。それに巻きこまれたくないからです。しかしそれでは、葛藤や悩みに苦しんでいる人は救われないどころか、言った人をなんと単純な人だろう、自分のことなどまったくわかっていない、と思います。

他人であればこれでもよいのですが、悩んでいる人と関係が深ければ、関係が希薄になったり、関係が切れたり、無理難題を吹っかけられたりします。なぜなら、わかってくれない人との関係は、断ち切りたくなるか、自分の状態をわかってもらうために相手が葛藤状態に陥るような課題をもちだすかしかないからです。無理難題を吹っかけるのは、葛藤や悩みで苦しい状態を理解してほしいためです。吹っかけられた課題がむずかしいほど、悩んでいる人の葛藤や悩みも深いということです。

プロカウンセラーは、葛藤や悩みを抱えた人を理解する人です。二律背反の心理状態を理解し、クライエントがそれを乗り越える援助をする人です。カウンセラー自身が二律背反の心理を理解し、それを乗り越える人間性が必要です。

京都は古くからの都で、戦乱を何度もくぐり抜けてきた歴史があります。戦いは、多くの葛藤をもたらします。戦いは、葛藤状態であり、解決方法のひとつともいえるかもしれません。京文化には、二律背反を乗り越える知恵があります。これが懐の深さであり、文化の深さです。文化とは、二律背反に「暗黙の調和」をもたらすのです。

30 純粋と汚れ、正義と邪悪

『日本人とユダヤ人』の著者、イザヤ・ベンダサンは、その著書のなかで「正義を口にすることは血を口にするようなものだ」というような意味のことを書いています。たしかに、正義のためと称して多くの血が流されてきました。イラク戦争においてもこれは変わりません。アメリカと、イスラム原理主義のテロ組織アルカイダの両者が共に自分たちに正義があると言っています。アメリカ側の戦いが市民を巻きこんでいることに抗議する勢力が、市民に対して無差別テロを行なってもいます。正義は口にするものではなく、実行するものです。

行動は、普遍的・一般的な倫理にもとづかなくてはなりません。倫理は、モーゼの十戒にあるようなことです。人格の高さがないととても実行できないようなものが倫理です。どのような宗教にも、人を殺してよいとするものはありません。「聖戦」とは欺瞞です。それは神仏のご意志に反するからです。十字軍の遠征しかりです。もし、正義にもとづいた戦いがあるのなら、戦士一人ひとりの人格が高いはずです。高い人格の持ち主が人殺しをするはずはありません。人殺しをするのは悪魔のなせる技です。悪魔は人の心に住む闇であり、汚れであり、邪悪なのです。正義を口にする人の奥底で、正義を叫ぶ声が高ければ高いほど、それが悪魔の雄叫びとなる可能性は増大します。

邪悪の反対語は無垢《むく》です。汚れがないこと、純粋なことです。子どもが可愛いのは無垢だからです。子どもであれば、人種や種を超えて可愛いところがあります。聖書では「神は幼な子のなかにある」というようなことが書かれています。親鸞は「幼な子といえども、我欲がある。お乳を飲むときにも、片方の手は飲んでいないほうをつかんでいる」というようなことを述べています。どちらも含蓄が深い言葉です。

聖書によると、人間は禁断の木の実を食べたためにエデンの園を追われたとされています。禁断の木の実とは、知恵の木の実のことで、知恵をもったために、人間は邪悪になったのです。エデンの園でも、人間は蛇の誘惑にのって、神との約束を破るという邪悪さを備えています。神が人間をそのようにつくられたからです。もし、神が蛇に誘惑されないように人間をつくっておられたら、人間は蛇の誘惑などに引っかからなかったでしょう。

親鸞のいう幼な子の我欲とは、幼な子でさえもっている本能といってもいいものです。蛇の誘惑も、蛇の象徴的意味からすれば、本能です。蛇の誘惑は本能的な行為なのです。

生物はすべて遺伝子によって、基本的な行動がプログラムされています。これが本能と呼ばれるものです。生きる本能がないと、生物は生きてはいけません。乳房を乳児の口の近くに触れさせますと、吸いつき動作が起こります。この行動は反射と呼ばれて、遺伝子に組みこまれています。空腹なのに吸いつき行動を起こさない乳児は、どこかに病気があるのです。

人間は大脳を発達させて、他の生物を圧倒してきました。大脳の発達は、知能と知恵の発達です。知恵には、悪知恵も含まれています。いい知恵だけ発展させることは不可能です。なぜなら、他人から見ての悪知恵は、本人にとっては、少なくともその場では利益をもたらす行為だからです。悪知恵といえども、本人にとっては頭を働かせた、知恵の産物です。天国が幼な子のなかに見られるというのは、幼な子は本能によってのみ行動しているということです。動物が可愛いのも、彼らが本能によって生きているからで、本音しかないからです。

本能による行為は、生存に必要なことですので、正義か邪悪かという判断基準では評価できません。ライオンがシマウマを襲って食べるからといって、ライオンの狩りが邪悪だとはいえないでしょう。しかし、人間が楽しみのために狩りをするのは邪悪かもしれません。動物愛護協会の抗議の対象にもなります。では、徳川綱吉の「生類《しょうるい》憐《あわれ》みの法」はいかがでしょう。動物愛護協会は大賛成の法律でしょうか。知らずに犬を殺したため、人が死刑になった例もあるようですが。綱吉の死後、法律が廃止されると、野犬や野良猫が横行し、それまでの人間のうらみを買って、大量に虐殺されたりもしたようです。こうしたうらみから虐殺した人々は邪悪でしょうか。それとも、そのような法律をつくった将軍綱吉が邪悪のもとなのでしょうか。

　人間も動物も、生物はみんな、自分の遺伝子を残したいという本能、ＤＮＡをもっています。自分の遺伝子を残すために、他の生物や種族、ときには同属さえ排除してしまうのです。自分の子どもにあとを継がせたいという思いの底には、ＤＮＡが関与しています。社会主義国での世襲制は、主義や原理・原則に反するでしょう。しかし原理・原則より、権力者のＤＮＡが優先されている国が多く見られます。

　アメリカの禁酒法はどうでしょう。禁酒法時代は、マフィアの全盛時代です。マフィアや暴力団は、人が求めているのに、法律が禁止しているところが活躍の主戦場です。禁酒法のない国では、お酒に関してマフィアが活躍できる余地はありません。売春、ポルノ、麻薬、株主総会屋、暴力的取り立て…、これらは違法ですが、人間が求める行為の行なわれるところが活躍場所です。誰も求めないところに、アウトローが活躍する場はありません。

では、マフィアと戦ったアンタッチャブルのエリオット・ネスが正義で、マフィアが悪でしょうか。それとも、禁酒法をつくった政治家や大統領が悪の権化なのでしょうか。

くり返しになりますが、アルコールは、生物には一般的には毒として作用します。自然界でこれだけアルコールを摂取する生物は人間だけです。多くの生物にとって、毒のあるものを摂取できる生物が繁殖するように、人間はアルコールの毒を克服したから生き残ったともいわれています。アルコールの多量摂取が身体にダメージを与え、アルコール中毒を起こし、人生を破壊することがあっても、アルコール摂取を人類から奪うことは、おそらくできないでしょう。アルコールの摂取もDNAに関わっていそうですから。

「清濁《せいだく》併《あわ》せ呑《の》む」「水清ければ魚棲まず」のような諺《ことわざ》は、純粋、正義、無垢のよさを十分意識したうえで、それにも欠点があることを示唆しています。それは、光には影があるからです。陰影がないと絵画が成り立ちません。光だけだと物を認識できません。物体に光が当たりますと影ができますが、心も存在感をもつほど影が深くなります。もちろん、光だけが存在しないように影だけでも存在しません。光だけで影ができないところでは、ものは見えません。存在感があるところには、光と影が同時に存在するのです。

人格が大きくなるということは、その人の存在感が大きくなることです。聖なるものが大きいと同時に、影も深くなります。それが人格に統合されているために、存在が大きいのです。影と光が分離してしまう人格を二重人格といいます。影と光が統合されず、光の人格が出現しているときは影の人格は隠れており、影の人格が現れているときは光の人格が隠れます。光の人格は、影の存在を意識できていません。同様に影の人格による行動を光の人格は認識できないのです。光の人格と影の人格が乖離《かいり》していますので。

光の人格と影の人格が乖離するのは、光の人格と影の人格があまりにも違いすぎて、ひとつの人格に統合できないからです。自分の影の部分を受け入れられないのです。自分は二重人格ではないかと心配される人の大部分は、二重人格ではありません。自分の影の人格、自分が受け入れにくい自分の側面を意識できているからです。本当の二重人格者は、影の人格を意識できていません。

人格の成熟、成長、変革とは、自分の影の人格の統合を図り、自己を受容できるようになることです。聖人は幼な子のような純粋性をもっていますが、それは自分の邪悪な部分を統合した結果なのです。

人間は群れで生活し、知恵を発達させた動物ですので、本能に従って生きることはできません。本能の多くは規制されています。たとえば性欲は本能ですが、婚姻制度をもっているのは人間だけです。性欲を自由に発現させては、ただちに罪に問われます。生存欲求は本能ですので、死ぬまで「影」の人格の統合過程を歩む必要があります。終生、人格の修行が必要なのはこのためです。生きたままミイラになる修行をした人が仏としてまつられるのも、これがある種の最終修行の象徴だからです。

「己の欲するところに従って、則《のり》を超えず」は、人格の成熟の最終目的のひとつでしょう。

あとがき

プロカウンセラーシリーズの第一弾『プロカウンセラーの聞く技術』は、思いもかけず多くの読者のご支援をいただきました。読者からのご要望にお答えして、第二弾『プロカウンセラーの夢分析』を上梓させていただき、またまたご好評をいただきました。今回、プロカウンセラーシリーズ第三弾『プロカウンセラーのコミュニケーション術』を出版できることを光栄に思っております。これもひとえに読者のみなさま方のおかげです。

さて、今回の『プロカウンセラーのコミュニケーション術』は、人間関係の充実、葛藤や悩みの解決、人格の向上のために、具体的にどうすればいいかを考えたとき、それは「対話」しかないと、長年の経験から考えました。ここでいいます「対話」とは、単に自分と人との対話だけではなく、自分と自分の影、自分と自分の身体、自分と大いなるもの（神仏）との、対話を含んでいます。

相手を理解するためには「聞く」こと、己の心を知るには「自分から自分へのメッセージ（夢）」を読み解くこと、そして円滑な対人関係・コミュニケーションには「対話」が第一だと、思っています。

なにごとも二つよいことも、二つ悪いこともありません。ひとつを選択しますと、あとのひとつは残ります。影にまわります。残ったものとの心の調和を図るためには、暗黙の調和が必要です。暗黙の調和をもたらすものが、暗黙の知恵です。暗黙の知恵を得るのが「対話」なのです。本書が、読者のみなさまに暗黙の調和と心の知恵をもたらすことができれば、筆者の望外の喜びです。

最後になりましたが、本書の出版にあたり、いつも応援していただいています、創元社社長矢部敬一さん、遅筆な私を励ましてくださり、編集の労をおとりいただいた渡辺明美さんに感謝いたします。

平成一七年三月

東山紘久

●著者紹介
東山紘久（ひがしやま ひろひさ）
昭和17年　大阪市に生まれる。
昭和40年　京都大学教育学部卒業。
昭和48年　カール・ロジァース研究所へ留学。
平成16年　京都大学理事・副学長就任。
平成20年　同退任。
現　　在　京都大学名誉教授。教育学博士、臨床心理士。
専　　攻　臨床心理学
著　　書　『遊戯療法の世界』創元社
『子育て』（共著）創元社
『母親と教師がなおす登校拒否――母親ノート法のすすめ』創元社
『カウンセラーへの道』創元社
『スクールカウンセリング』創元社
『プロカウンセラーの聞く技術』創元社
『プロカウンセラーの夢分析』創元社
『プロカウンセラーが読み解く女と男の心模様』（共著）創元社　他

プロカウンセラーのコミュニケーション術

2005年3月20日　第1版第1刷発行
2021年5月20日　第1版第22刷発行

著　者――**東山紘久**
発行者――**矢部敬一**
発行所――**株式会社創元社**
〒541-0047大阪市中央区淡路町4-3-6
［電話］大阪06（6231）9010（代表）
東京支店　〒101-0051東京都千代田区神田神保町1-2 田辺ビル
［電話］東京03（6811）0662（代表）
印刷所――**株式会社太洋社**

ISBN978-4-422-11334-0

●落丁・乱丁本はお取り替えいたします。